人生을 알면 삶이 자유롭다

마음의 창

人生을 알면 삶이 자유롭다
마음의 창

초판 1쇄 인쇄 2008년 12월 5일
초판 1쇄 발행 2008년 12월 10일

지은이 | 김홍선
펴낸이 | 김태봉
펴낸곳 | 한솜미디어
등 록 | 제5-213호

편 집 | 김주영, 김미란, 박창서, 유종무
마 케 팅 | 김영길, 김명준
홍 보 | 장승윤

주소 | (우143-200) 서울시 광진구 구의동 243-22
전화 | (02)454-0492
팩스 | (02)454-0493
이메일 hansom@hansom.co.kr
홈페이지 www.hansom.co.kr

값 9,000원
ISBN 978-89-5959-178-7 (03810)

人生을 알면 삶이 자유롭다

●●●

마음의 창

김홍선 지음

한솜미디어

❦머리말

허상과 실상의 차이는 거울에 비친 자화상(自畵像) 같다고나 할까. 거울 속에 비친 자신의 모습을 매일 대하면서도 좌우를 구분하지 못하고 옷매무새를 고치려 하다가 종종 헛손질을 하게 된다. 이런 것들이 마음에서 일어나는 착시현상인 허상(虛像)인 듯 싶다.

진실과 거짓도 백지 한 장의 차이 정도로 아주 미미한 것이라고 한다면 지나친 역설일지 모르겠다. 하지만 세상 사는 이치는 각자의 시각에 따라 바르게 보일 때도 비뚤어져 보일 때도 있으므로 같은 것을 가지고 다르다고 아옹다옹 다투기도 하는 것이 우리들의 세상인 것 같다.

명경지수(明鏡止水)처럼 맑고 고요한 물 속에 잠긴 아름다운 수목들이 거꾸로 보이는 것을 이상타 여겼다. 작은 바람에도 일렁이며 조각조각 흐트러지는 것을 보니 마음의 동요라는 것도 저런 것인가 싶다.

허상은 바른 것을 바르게 보지 않는 일시적인 착란(錯亂)이나 착시(錯視)현상일 뿐 잠시 잘못 본 것이라고 정의를 내려본다. 그런데 이렇게 정의를 짓고 그런 허상 속에서 살려고 하니 자신을 속이고 사는 것 같은 허전한 마음이 든다.

그러한 마음을 달래 보려고 세상 사는 이야기가 어디까지가 사실이고 어디까지가 거짓인지 그것이 궁금하여 보고 듣고 느낀 것을 그대로 적어 나가게 되었다.

내가 보고 있는 것이 허상인가 실상인가, 아니면 내가 잘못 본 것인가, 그것이 궁금하여 보고 느낀 대로 일기로 남기려고 필 가는 대로 마음 가는 대로 가보려고 한다.

김홍선

❦목 차

시작과 끝

삶을 요람에서 무덤까지라고 했다.

'인생이란 무엇인가?' 하는 인생철학이 무엇인지 몰라도 삶을 그저 막연하게 살아서는 안 된다는 것쯤은 알고 살아온 듯하다.

생의 첫 시작점에서 크게 울어대며 출발했던 요람(搖籃), 그곳을 기억할 수는 없지만 차츰 철들어가면서 삶의 인생여정(人生旅程)이 결코 평탄한 것만이 아니라는 것을 알게 되었다.

앞으로 남은 여생을 어떻게 살아야 하는가를 생각하다가 문득 무덤이라는 단어가 떠오른다.

무덤이 있기는 있는 것이겠지…. 어렴풋이나마 더듬어 보려고 하지만 그 역시 미지(未知)의 세계일뿐이다. 삶은 그저 오늘 그리고 또 오늘이 연속되는 현실 속에서 지금이라는 것밖에 모르고 살아간다. 그 이상은 미지의 추상적인 추측이나 공상의 세계일뿐이다.

모든 일에는 시작이 있으면 끝이 있기 마련인 것처럼 우리 인생도 영원할 수 없다는 것쯤은 알지만 그 끝을 아무도 모르니 한치 앞도 모르고 사는 것이 우리의 삶이다.

지나온 세월을 돌아보면 처음 시작할 때부터 잘 닦아놓은 길에서 출발하는 사람도 있고, 거친 황무지에서 시작하여 굴욕이라는 늪에서 허우적대기도 한다. 또한 태산의 준령을 만나게 되면 당황하거나 좌절하기도 한다. 하지만 그 길을 헤치고 나가야 새로운 평탄한 길을 만날 수 있고 희망이라는 인생길을 만날 수 있기에 꿈속 같은 삶을 동경하며 새로운 꿈을 설계하며 살아왔다.

삶이 언젠가는 끝날 수도 있다는 것을 알면서도 그 끝은 나와는 무관한 것 같은 착각 속에서 '짧은 여정 긴 예술'을 논하며 살아가는 것이 내가 아는 인생철학의 전부이고 보면, 참으로 편안하게 한평생을 살아왔다.

세상사를 새털 같은 많은 날들이라고 한다. 그런데 그런 세월을 새가 날아가듯 지나쳐 버리고 만다면, 또한 삶도 허공을 나는 새처럼 아무런 흔적도 남기지 못하고 생을 마무리하고 만다면 너무나 허망할 것이다.

인간의 삶을 바둑판의 축소판이라 한다. 매판 둘 때마다 달라지고 새로워져가는 것이 바둑이지만 사람의 한 생애(生涯)는 세월을 무정하다고 하는 것같이 한번 가면 다시 되돌릴 수 없다.

할아버지와 손자로 이어져가는 이어달리기 같은 인생여로의 삶

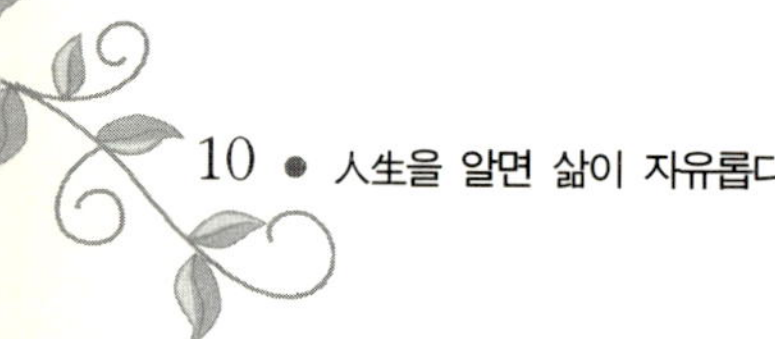

도 한판의 승부로는 너무 아쉬워 만족할 때까지 이어가려고 욕심을 부려도 본다. 그러나 그것은 희망일 뿐 확신할 수 없는 미지의 세계이므로 오늘 그리고 또 오늘을 소중히 여기며 개개인의 삶으로 이어져가는 것이 우리들이 사는 세계이다.

태양이 뜨면 달은 사라지기 마련이다. 그러나 다시 달이 떴다 이지러지고 태양도 지고 다시 뜨는 것같이 우리 인간세계도 아버지, 아들로 이어지다가 손자들이 태어나 자라게 된다. 할아버지는 늙어가는 것이 당연한 이치이거늘 만족한 삶을 살고도 족(足)한 줄 모르고 혼자만이 한오백년 살 것같이 천세를 걱정한다. 또한 욕심을 버리지 못하고 자신을 속박하고 비루(鄙陋)한 생각을 하다가 자신도 모르는 사이에 호구(虎口)라는 무덤의 수렁에 빠지게 되는 것이 인생의 축소판인 것 같다.

부재지족(富在知足)이라고 했다. 부유함을 만족할 줄 알면 모욕(侮辱)당하는 일이 없다. 만족이란 무진장(無盡藏)이라는 것을 멈출 줄 알아야 위태로움에서 벗어날 수 있으며, 존귀(尊貴)함을 누릴 수 있는 것이다. 부유하다는 것은 모든 물질이 풍족하다는 것을 뜻하지는 않는다.

광음(光陰)이라는 세월이 내 삶 속에서 시시각각(時時刻刻) 변해가는 것을 보고 아쉬워도 했지만 다시 되돌릴 수 없는 것이 인생사이다. 조금쯤 안다고 추측만으로 생이 어떻고 미래가 어떻다고 함부로 말하지 말자 하면서도, 이런 고루(孤陋)하고 흥미 없는 옛날이야기 같은 말을 자랑삼아 손자에게 들려주고 싶어 한다.

손자의 요람을 보고 어렴풋이나마 내게도 저런 때가 있었다는 것을 알게 해준 손자들이, 다음에 나는 나의 마지막을 모르지만 나의 가장 가까운 위치에서 지켜보면서 그렇게 이어지고 또 이어져 갈 것이다. 내가 듣고 보아온 것같이 그들도 보고 들은 것을 이야기할 것이다.

우리는 태어날 때부터 귀천(貴賤)을 선택받은 것이 아니라 다만 살아가면서 노력 여하에 따라 귀천이 정해지는 것이다. 부하고 존귀하다는 인품은 탐(貪)한다고 얻어지는 것이 아니라 때가 되면 닦은 수양(修養)에 따라 저절로 풍겨나는 난의 향기와 같아서 그 향을 느낄 수 있는 사람만이 알 수 있다.

어차피(於此彼) 시작도 모르고 끝 또한 모르고 사는 것이 개인의 삶이지만 보고 듣고 느끼어 추측하는 것으로 족하다 생각하며 더 이상 욕심 부리지 말자.

내게 주어진 삶을 통해서 태어나 철들고 커가면서 변천해가는 많은 세상사를 보고 듣고 배우면서 할아버지의 죽음도 목격했고 부모님의 임종도 지켜보았다.

그리고 자식들의 요람에서 그들의 새로운 삶을 시작시켰고 자립할 수 있게 도와준 보람으로 그들 역시 새로운 삶을 탄생시켜

이어져간다. 자식들은 내 임종을 지켜보면서 내 무덤을 만들 것이고 그렇게 세상은 이어져 갈 것이다.

이렇게 시작과 끝도 없이 이어져 가는 것이 인생사이며, 고집세고 새로운 것도 받아들일 줄 모르는 고루한 할아버지의 넋두리가 이어져 가는 것이 우리의 역사이다.

일장춘몽(一場春夢)

꿈을 품게 되면서부터 그 꿈을 한번 펼쳐보고자 하는 생각으로 열심히 노력하였다. 마치 그 꿈을 이루기 위해 존재하는 것이 아닌가 하는 생각으로 살았다.

꿈은 미래를 아름답고 풍요롭게 만들 수도 있지만 꿈은 실체가 아니기 때문에 이룰 수 있다면 희망을 이룬 것이며, 이루지 못하면 실망뿐인 일장춘몽일 것이다.

나에게 꿈이 있듯이 남들에게도 마찬가지로 꿈이 존재하며 저마다 그것을 이루기 위해 노력할 것이다. 희망이나 포부 그것은 각기 사람마다 다르므로 남들이 내 마음에 맞지 않는다고 해서 그들이 어벙벙 아무렇게나 산다고 비웃지 말자.

작은 것을 이루고 행복해 할 줄 아는 사람은 꿈을 이룰 수 있지만 이루고도 이룬 것을 모르고 욕심을 부린다면 그는 절대로 꿈을 이루지 못하고 한세상을 불행하게 살 뿐이다.

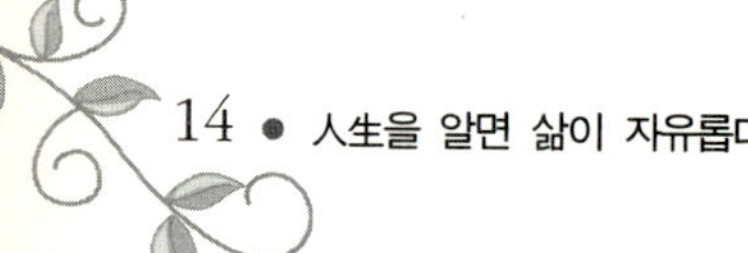

족함도 모르고 이룬 것도 모르면서 허탈한 마음으로 다시 맞이하는 봄의 따사로움이 옷깃으로 숨어드니 살며시 눈이 감기려 한다. 갑자기 요란한 까치소리에 정신이 들어 창밖을 바라보다가 풍난조성쇄(風暖鳥聲碎)라는 글 속의 새소리가 생각난다.

풍난조성쇄(風暖鳥聲碎),
봄바람 따스하니 새들의 지저귀는 소리가 어지럽게 들려온다.

매년 맞이하는 봄이지만 매번 새로운 봄이라 하니, 이번 봄도 어지러운 새소리같이 시끄럽기도 하고 싱그러운 새싹같이 희망을 안고 시작되는 것 같다.

간밤에 내린 단비가 봄을 재촉하듯 산하의 나뭇가지를 함초롬히 적시니 윤기가 흐르는 나뭇가지에 붙어 잠들었던 눈망울이 봉긋하게 움트려 한다. 행복하고 감격스러워 저절로 흐르는 눈물인 양 마구 흘러내려도 닦을 줄도 모르니 굵은 구슬이 된다. 곱게 단장한 유리구슬 위로 해맑은 아침 햇살이 비추고 있다.

한밤 꼬박 심하게 휘몰아치던 비바람이 막 그치고 먹장구름들 틈 사이로 선일(鮮日)의 밝은 태양이 비추는 가로수 사이에 까치가 집을 지으려고 분주히 오간다. 길조라 불리는 까치도 삶의 경쟁에서 살아남기 위해서 사람들에게 피해만 입히게 되니 더 이상 길조가 아니다.

옛날에 들은 이야기로 까치가 집을 지어놓으면 비둘기가 와서 산다고 한다. 확인하지 못해서 자신 있게 그렇다고 할 수는 없지만 정성들여 지어놓은 집을 남에게 빼앗긴다면 얼마나 억울할까.

우리 인간사도 옛날과는 다르게 내가 살 집을 내 손으로 짓지 않고 남들이 지어놓은 아파트 단지로 마치 떠돌이 산비둘기들의 보금자리가 되듯이 하늘로만 치솟는 아파트 단지로 많은 인파가 몰려든다. 옥상옥으로 집 위에 집을 2층집이라고 하지만 지금은 40~50층 속에서 각자의 보금자리를 틀고 사는 만물의 영장이다.

'조용한 삶 우리끼리만, 나만 편하면…' 하다가 점차 독거의 삶을 즐기는 사람이 늘어나니, 아무리 지어도 아파트나 오피스텔은 모자라는데 단독이나 다가구 주택은 남아돌아도 그곳으로 오려 하지 않는다.

힘들게 살지 않으려 하고, 자신이 좋아하는 일만 하면서 살려고 하지만 내가 좋으면 남도 좋아야 한다. 남들도 좋다면 다행이지만 남이 힘들어하면 이런 것이 사회적 문제가 되는 것이다.

조상 대대로 살아온 종갓집도 폐허가 되고 장손이 옛집을 지키는 것도 무리인 세상에 과거를 고집할 수만은 없다. 나만 좋다고 해서는 안 된다는 것을 알지만 사회적 흐름을 막을 길이 없다.

시대의 흐름인데 고집하지 말아야 한다. 하지만 현실에 적응하지 못하는 많은 사람들 속에서 나 역시 현실을 도피하기라도 하듯 자위하며 산이 좋아 산에서 살고 물이 좋아 물가를 거닌다고 했지만 산이 좋고 물이 좋아서만도 아니다.

생활에 불편이 따르고 외로움을 좋아할 사람은 아무도 없을 것이다. 화려하고 편리한 도심의 풍요로운 생활 속에는 그에 맞는 격이 있기 마련이다. 그 격을 맞추어 살기가 그리 쉽지만 않으니 번거로움에 싫증을 느끼게 되면 편함을 찾아 떠돌게 된다.

우리가 흔히 말하는 역마살이 낀 사람을 가리켜 타고난 팔자라고 운운한다. 떠돌이의 삶이 운명이 아니라 삶을 찾아서 할 수 없이 떠돌 수밖에 없다.

역마는 역과 역을 이어주는 말(馬)을 말한다. 달리고 달려 이 역에서 저 역으로 떠도는 것이 본분이다. 나도 많은 세월을 건설현장에서 보냈으니 역마 같은 생활을 한 것 같다.

삶을 위해 떠돌이 하던 그 말이 이제는 노쇠하여 우리 안에 갇히게 된다면 젊어서 지칠 줄 모르고 달리던 그 길을 떠올리며 그곳을 그리워할 것이다.

아직은 달리고 싶은 노구(老軀)의 심정을 일기로 쓰고 있다. 일장춘몽 달콤한 꿈이 아니라 횡설수설 글이라고 쓰고 있지만 이것이 수필일 수도 없고 문학작품은 더욱 아니다. 아직은 달려도 보고 싶고 달려갈 곳도 있지만 나를 필요로 하는 곳이 없으니 산을 찾는다. 그리고 일기도 쓰면서 잊어버리고 있었던 고사성어나 어려운 단어를 떠올리며 굳이 그런 것들을 찾아내어 뜻을 되새겨보는 것은 지나간 세월 속의 나를 잊기 싫어서가 아니라 그런 것들이라도 찾아보며 지난날을 뒤돌아볼 수 있기 때문이다.

내가 쓴 글을 누군가가 읽어준다면, 그리고 잊어버릴 뻔한 단어를 기억해준다면, 내가 배우고 남긴 것이 누구에게나 유익할 수 있다면… 휴지는 면할 수 있으리라.

지금이라도 배우면 새로운 세상이 보일 것 같고 배움을 쉬지 않으면 오늘보다 좀 더 가치 있는 내일이 되지 않을까 하는 것이 솔직하고 진실한 내 심정이다.

> 내 진실(眞實)인 진심(眞心)이 궁금한가요. 진실은 내가 아는 것만큼만 말하는 것이 진심이니 아는 것만큼만 말하지요. 내가 아는 것이 다 진실은 아니라고요. 맞는 말이지요. 조금 안다고 아는 체하지 말라고요. 욕심 부리지 않을게요. 욕심은 알고 있는 것까지 모두 거짓이 된다고 알고 있어요. 이제는 분수 있는 삶을 살아야지요. 아직은… 하는 자만(自慢)은 나 혼자만의 착각이라는 것을 알지요. 하지만 아직 더듬더듬 걷는 것조차 힘겨우니 '아, 옛날이여!' 하며 가버린 꽃다운 청춘의 한때를 뒤돌아 볼 수 있는 것만으로도 편안함이라는 것을 알지요. 자유분방한 시간 속에서 여러 길을 가보고 헤매기를 반복하다가 이제 겨우 제자리로 돌아왔거든요.

자연의 순리에 따라 봄이 되면 새순이 돋아나는 산하(山河)가 여름이 되면 싱그럽게 녹음 우거지고, 가을되어 곱디곱게 단풍잎으로 물들게 된다. 그런 단풍을 보고 아름답다 감탄하겠지만 하룻밤 사이에 내린 차가운 된서리를 맞아 떨어져 내리는 낙엽 신세가 되었다. 앙상한 뼈대만으로 스산한 찬 겨울을 맞이하려니 서글퍼져 포근한 눈이라도 내려주기를 기다리는 것이 우리의 인생이 아닐까.

복잡한 사회구조 속에서 인간이라는 동물은 과연 욕심으로 똘똘 뭉친 과욕 덩어리일까. 말로는 순리대로 살자 했지만 남이 가진 것은 다 좋아 보이고 크게 보이니, 이런 것이 과욕이라는 욕심인가. 족함도 족한 줄 모르고 살면서 내 것이 아닌 남의 것은 탐해서가 아니라 내 것이 아닌 줄 알면서도 그것이 다가오길 기다리며 억지로 외면하는 척하다 보니 지치고 피곤해진다.

다 내려놓고 가라 했다는 방하착(放下着)이라는 참뜻도 모르면서 잠시 복잡한 심경을 정리하려는 얄팍한 뉘우침이 작용하여 등산을 한다. 산사를 찾아 아무런 이유도 뜻도 없이 염불도 기도(祈禱)도 할 줄도 모르면서 사찰(寺刹)길 등산로를 지나기 쑥스러워 합장하고 읍했으니, 선무당인 내가 알고 있는 참선(參禪)이란 것 좀 알아보자.

참선이란 화두(話頭)를 일념으로 하는 불교의 대표적인 수행 방법이다. 참선하는 수도승(修道僧)처럼 도를 닦을 줄 모르지만 바른 삶을 살려는 산중고행의 명상(冥想)을 통해 정신적・육체적 갈등을 잠재우려고 산속을 찾아왔다. 그러나 참선의 근본이 마음속에 있는 것이고 보면 너무나 형식에만 얽매여 근본도 잃고 양심이라는 것도 형식에 치우쳐 편리함과 안이한 쾌락으로 빠져 헤어나지 못한다는 것을 알았다.

깨우침이라는 것은 조용한 곳에서 명상으로 얻어지는 것만도 아니다. 게으름 속에서 이불을 뒤집어쓰고 있다가 한심스럽다는 자신을 생각하게 되어 소스라치게 놀라 일어났다면 이런 것도 일종의 깨우침일 수 있다고 생각해본다.

이런 것이 등산 도중에 절간에서 얻어들은 깨우침이니 이제 처음으로 돌아가보자 했지만 처음과 끝이 없다 한다. 시발점이 종점이고 종점이 시발점이다. 돌고 도는 것을 윤회(輪回)라 하지만 돌아가 제자리로 왔는가 했는데 다시 시작이다. 처음과 끝은 둘이 아니다.

색즉시공(色卽是空) 즉, 색은 곧 공이다. 공은 아무것도 없는 것으로 잘못 알고 있지만 공도 역시 색이라는 말이다. 아직 마음에 공허한 것, 허전한 것이 있다면 마음을 다 비운 것이 아니라 무엇인가 남아있기 때문이다. 다 비워도 허전함이 있으니 비운 것이 아니다. 시원함 그것을 느낄 때까지 방황할 수밖에 없다.

잠시 속세를 떠나 술도 끊고 마음도 비우고 나를 생각해보자. 참선을 모르지만 참뜻을 깨닫는다는 것은 아무도 모른다. 진정한 깨달음이라는 것은 성불을 의미하는 것이니 내가 좌선불도(坐禪佛道)를 해본들 그저 화두라는 것이 '고작 내가 왜 이런 한심한 사람인가' 하는 정도일 뿐인데 침묵의 생활이 계속된다고 이룰 것이 있는가. 다만 고요한 침묵 뒤에 생각한 것을 말이나 행동으로 옮기는 세심한 사람이 되자. 침묵이 길면 길수록 기대도 크지만 그것이 무엇일까 궁금히 여길 사람은 아무도 없다.

'침묵할 때 말하지 말고, 말할 때 침묵해서도 안 된다'는 말이 가슴에 남아서 적게 말하고 많이 생각하자고 하는 것뿐이다.

> 踏雪野中去 不須胡亂行 今日我行跡 遂作後人程
> 답설야중거 불수호난행 금일아행적 수작후인정
>
> 눈 덮인 들판을 걸어갈 때는 모름지기 그 발걸음을 어지럽히지 말자.
> 오늘 내가 걸어간 발자취가 반드시 뒤따라오는 이의 이정표가 된다.

서산대사의 선시(禪詩) 한 수를 흥얼거리며 그래도 세상은 살 만한 곳이라 여기며 이제는 나도 보람 있는 일을 찾아보자 하면서 하산한다. 한적한 곳에서 할아버지의 묵언(默言)의 생각 속에는 고작 부드러우면 삼키고 딱딱하면 뱉는다는 말이 있듯이 자기 취향대로 식성대로 살 수 없는 것도 세상 사는 이치이니 아무리 부드럽고 달콤해도 그냥 삼키지 말자. 단단하고 거칠어도 뱉지 말고 삼켜서 소화시킬 수 있으면 그리하자.

이런 것이 우리가 살아가는 지혜로운 삶이라고 결심한 것뿐이지만 행복이라는 꿈을 펼쳐보자. 몽중몽설(夢中夢說)이라는 꿈 속에서 꿈 이야기하는 행복한 꿈을 꾸며….

애이불견(愛而不見)

사랑하지만 보지 못해 서운한 사람도 있을 법한 일이다. 나는 아주 오래도록 사귀어온 친구를 잊기로 했다. 아주 가깝게 사귀던 친구였지만 나이가 들어 치매(癡呆)현상이 왔는지 여러 번 만났으나 대화의 초점을 잃고 횡설수설 고집만 앞세운다. 나와 주위사람들까지 실망시켜서 피차 힘들 뿐이니 더 이상 만난다는 것은 불행일 수밖에 없다고 결론을 내렸다.

이런 것이 피차간에 늙어가면서 발생하는 노망이라는 것인가. 나도 그도 다같이 미쳐가기는 마찬가지인 것 같아 안타까운 심정을 달랠 길이 없어 고심하며 낙서를 했다. 그러다가 '애이불견'이라는 글귀를 써놓고 보니 좋아하던 친구라 생각했는데 만나지 못하여 아쉬운 것인지, '사랑하지만 보지 못한다'로 해석할지, 아니면 '흐릿하여 보이지 않는다'로 해석할지 갈피를 잡을 수 없어 망설이고 있다.

'얄미운 사람, 이제는 너와는 말도 하지 않으련다. 아무리 심심하고 답답해도 너와는 한잔의 술도 나누지 않으련다. 아무리 서운타 다시 불러준다 할지라도 그대 나를 배신했으니 더 이상 속지 않으련다. 진수성찬 차려놓고 다시 나를 불러준다 해도 얄미움보다 마음 상할 일이 생길까 걱정되니 할 수 없이 피하는 것이 서로를 위하는 길임을 안다.'

흐리멍덩한 심정으로 친구마저도 얄밉다며 혼자 낙서를 하니 '세상 사는 이치가 이렇게 변덕스러운가!'하는 생각이 들면서 마음이 더욱 스산스럽다.

천지이변(天地異變)과 같은 이상한 일들이 여기저기서 일어나는 어지러운 세상인데 그럴 수도 있겠지 해보지만 천지간에 일어나는 놀라운 일들을 너무 많이 겪어서일까. 그저 담담하고 늙음이 두려울 뿐 하늘과 땅 사이에서 무수히 일어나는 사건, 사고들 가운데 나도 그런 것들을 겪는다고 생각할 뿐이다.

삶은 하늘과 땅 사이에 존재하는 생명체의 근원이다. 인간의 근원 역시 조상인 할아버지이기에 그 손자들이 이어가며 온 세상에 널리 퍼져 살면서 그 속에 존재하는 많은 인간 중에서 그 친구를 우연히 만난 것이 내 친구(親口)가 된 것이다.

친구(親舊)는 오래 두고 정답게 사귀어 온 벗이다. 착하고 좋은 마음을 가지고 사귀어 오던 벗을 잃는다는 것은 가슴 아픈 일이다. 어릴 적 같은 마을에서 이웃하여 자란 동연배의 소꿉친구를 동무라 하여 아주 오래된 벗으로 티격태격 토라지기도 잘하지만 다시 만나면 지난일은 말끔히 잊어버리고 즐거움이나 슬픔마저도 공유할 수 있는 친구(親舊)가 진정한 벗이다. 하지만 나이나 자라온 환경과 관계없이 살아가면서 만나게 되는 벗을 친구(親口)라 부르고 싶다.

내 적성에 맞고 나를 이해하고 즐겁게 해주는 사람이면 연장자이든 연하든 남녀노소 구분할 필요도 없이 형 아우 하다가 친구도 된다. 내 입에 맞는 음식처럼 입에 맞으면 먹고 싫증나고 쓸모가 없어지면 가차 없이 버릴 수 있는 그런 친구는 사귀기도 쉽지만 버리기도 쉽다.

어제의 동지가 오늘의 적이 되어 척지고 비방(誹謗)과 모략(謀略)질을 일삼다가도 다시 손을 잡는 오늘날 정치판의 정적들과 같이 필요에 따라 뭉쳤다 흩어지고, 헐뜯다 이용하기도 하고 이용당하기도 하는 친구는 언제라도 버릴 수 있는 술친구 같은 존재는 이제 더 이상 가까이 하지도 말고 다시 사귀지도 말아야 할 것 같다.

진정한 친구는 나를 즐겁게만 하는 것이 아니라 나를 괴롭게도 하고 힘들게도 하면서 토라졌다가도 다시 만나면 '내 너와는 아무리 서운한 일이 있어도 변할 수 없다'라고 한다면 아주 즐거운 친구(親舊)이다.

아주 오래된 친구를 누구나 그리워하는 것은 내 입에 맞는 어머

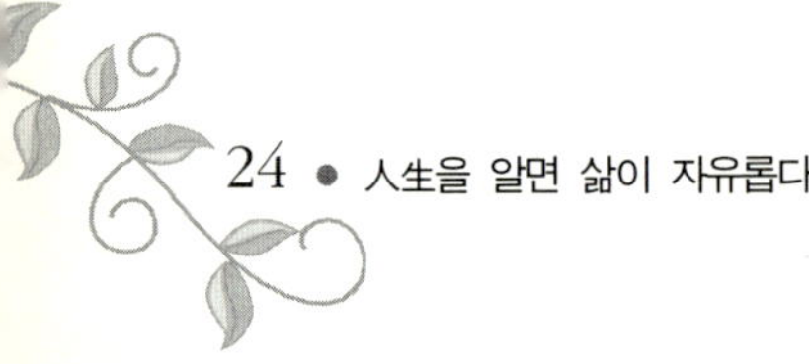

니가 해주신 음식같이 지금도 잊지 못하고 그리워하는 향수(鄉愁)와도 같은 그런 존재이기 때문이다. 그러한 친구를 원한다면 시대적 착오라 비웃을지 모르겠다. 하지만 변하지 않을 것 같은 친구도 세월의 흐름에 따라 기억력을 상실하게 되면 체면이라는 것도 없이 판단이 흐려져 자기주장만 고집하는 옹고집으로 돌변한다. 친구도 몰라보고 횡설수설하며 사람을 의심하여 마구 큰소리를 치기도 하고 아부하기도 하며 초점을 잃고 했던 소리를 또 하고 다정히 다가오다 토라지고 웃다 성을 내기도 하여 종잡을 수 없다.

하지만 이런 것이 늙어간다는 것이라고 하면 아무런 문제가 없지만 대게는 "왜 저렇게 살아, 참으로 추하게 늙어가는군!"라고 한다면 피차간에 아주 심각한 문제가 생기게 된다.

천차만별의 여러 사람이 모여 살아가는 세상에서 각기 다른 생활방식으로 자기에게 유리한 사람들끼리 모여 사는 것을 유유상종(類類相從)이라 한다.

우리는 무에서 태어났다. 부모의 보살핌에서 벗어나 스승의 가르침에 따라 유능한 예술가나 사업가가 되기도 한다. 훌륭한 스승 밑에서 유능한 가르침을 받은 사람을 일컬어 청출어람(青出於藍)이라 한다. 이런 유능한 사람들도 나이가 들면 정도의 차이는 있지만 시들기 마련이니 나만이 옳다는 생각을 버리고 지난 과거를 고집해선 안 된다.

특히 나라를 다스리는 정치인들은 구관이 명관이라는 관념을 버려야 한다. 내가 인생을 많이 살아온 것이 대견한 것이 아니라 무엇을 남겼는가 하고 한번쯤 생각해 본다면 해법도 있기 마련이다.

정치를 어떻게 해야 잘 한다는 것을 꼬집어 말할 줄은 몰라도 잘하는 것은 알고 있는 것이 민심이다. 과거 제국주의에서는 왕이 장기 집권하여 나라를 다스리다 보니 독선과 독제로 인해 국민은 권력자들의 노예일 뿐이었고, 충효(忠孝)를 강조하여 왕의 나라이니 먼저 왕을 섬기고 다음에 가정을 강조한 것 같다.

그러나 지금은 민주주의 시대이다. 국민에 의해 선출된 대통령이나 나라보다도 가정, 그것도 핵가족, 그러다가 '나'라는 개인주의로 탈바꿈하였다.

그러나 가화만사성(家和萬事成), 집안이 화목해야 모든 일이 이루어진다는 고사성어가 맞는 진리인 것 같다. 생의 근본은 나, 그리고 내 가족과 가정이니 낙(樂)과 예(禮)도 나 위주로 변해가는 세상이며, 나라에 충(忠)은 다음 순서이다.

'악합동(樂合同) 예별이(禮別異)'라 했다. 음악(音樂)은 신분이나 지위고하를 막론하고 사람의 마음을 하나로 만든다. 예(禮)는 사람과 사람의 사이를 뚜렷하게 함으로써 질서가 유지되는 것이다.

요즘 유행하는 '편견을 갖지 말라'는 말도 사람의 행동이 한쪽으로 치우치면 존귀(尊貴)나 귀천(貴賤)의 패가 갈리어 하나는 어

둠이요, 하나는 밝음이라는 명암(明暗)의 두 길이 생기게 되지만 바른 마음과 바른길은 오직 하나뿐이다.

착함이라는 바른 길은 하나지만 서로 생각이 달라서 갈리게 되면 하나는 모순(矛盾)된 길을 가는 사람이 되어 각자 자기의 길을 가면서, 생각과 정의가 다르다고 다툼이 일어나 패가 갈리게 된다.

원리(原理)는 하나지만 반드시 그렇다고 나의 주장만 고집하지 말아야 할 것 같다. 모로 가도 서울만 가면 된다는 사람이 편안하고 빠른 고속도로를 두고도 국도를 택하는 이유는 혹시 있을지 모르는 불가항력의 사고로 교통체증이라는 곤혹스런 경험을 하고부터 그것을 걱정하여 국도를 이용하다 보니 그 길이 편해서 택하게 되는 것이다.

길도 자기가 좋아하는 길이 있기에 자신의 길만을 고집하고 자신만이 옳다고 주장하는 것이다.

인간의 마음이라는 사리(事理)가 그리 깊지 못한 것 같다. 아무리 감추려고 해도 언젠가는 본성이 드러나게 되는 것 같다. 의심하는 마음을 가지고 남을 의심하는 사람은 결코 사리를 정확히 판단하지 못한다. 자기 마음같이 남도 그런 줄 알겠지만 그러한 결정은 합당치 못한 자기 마음의 결점을 모르고 바르지 못한 판단을 옳다고 고집하니 남도 기울어져 보이는 것이다.

사물을 보고 판단할 때 무엇보다 먼저 마음을 조용히 가라앉힌 후에 바른 판단을 내려야 한다.

인간의 성질(性質)이라는 '본질'은 타고날 때부터 무에서 시작했으니 본질은 악(惡)인지도 모른다. 그러니 악이 선(善)해지는 과정이 인간의 의지와 노력 여하에 따라 인위적(人爲的)으로 얻어지는 결실이라면 사람 스스로의 힘으로 이루어야 한다.

악이 선으로 이루어지는 행위를 '선행'이라 한다면, 선이 악으로 변하여 '망나니'로 변하기도 한다.

그 사람의 성질이나 행동을 됨됨이라고 한다. 그래서 그 사람의 언행을 보면 부모나 스승을 알 수 있으며 그 친구가 어떤 사람인지도 알 수 있다.

화여복린(禍與福鄰)이라 했다. 화는 복과 이웃이다.

복 받을 일이 생기면 화가 뒤따라오기도 한다는 말이다. 복권에 당첨되어 거금을 가지고도 행복해진 사람이 없다고 한다. 부는 노력의 대가이며 행복도 스스로 이루는 것이다. 도움을 주면 도움을 고마워할 줄 알아야 한다. 그러나 은혜를 베풀어 도움을 주어도 오히려 화를 당할 때가 있다.

'물에 빠져 허우적거리는 사람을 힘들여 구해놓으니 봇짐 내놓으라 한다'는 우리 속담이 있다. 게으른 사람을 불쌍해서 도와주면 오히려 그의 자생력을 그르치게 되고, 다시 더 많은 도움을 주지 않으면 상황은 아주 험악한 사이로 변하게 되는 것도 보고 배웠다. 무조건 돕고 보자 하는 퍼주기식이라는 것이 과연 옳았는지 다시 한 번 생각해 볼 일이다.

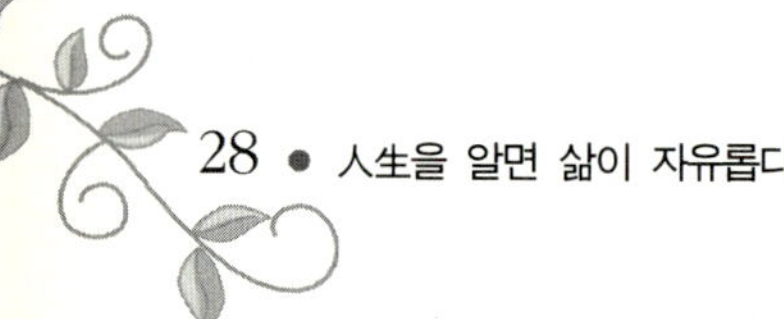

그릇됨으로 가득 채워져 있는 사람은 자신만이 옳다고 여긴다. 그러니 아무리 옳은 말을 해도 우이독경(牛耳讀經)일 뿐이니 그런 도움은 오히려 해가 된다.

오직 부를 좇는 사람들을 '돈 버러지'라고 하는 것같이 돈이라면 창피한 것도 안중에 없고 돈만 생기면 아무리 추한 꼴이라도 아랑곳하지 않는다. 먹이를 두고 싸우는 야생동물들의 쟁탈전보다 더 추한 몰골로 친구도 친척도, 그보다 더 가까운 형제부모 간에도 예외는 아니다.

선언재화(善言財貨)란 남에게 좋은 말을 선사하는 사람은 착한 사람이며 돈이나 물건을 주어 자기를 과시하여 잘난 척하려는 사람은 모자라는 사람이라는 말이다. 사람은 항상 남의 의사를 존중해야 한다. 남을 무시하면 아무리 친한 친구 사이라도 어려워지기 마련이다. 한평생 삶을 왜 그렇게 어렵게 사는가 하고 반문도 해보지만 바르게 사는 것이 말처럼 그렇게 쉽지가 않다.

바른 삶이라고 내가 정의를 내리면서도 실천하지 못하고 정도(正道)라는 바른길, 옳은 삶이란 것도 꼬집어 말할 수 없어 가슴앓이를 할 뿐이다.

바른길(正道)

'부끄럽지 않게 살아간다면 그것이 바르게 사는 것이다'라고 결론부터 내리고 보자. 나도 바른 것이 무엇인지 알고 있으니 그래도 숙맥(菽麥)은 아닌 것 같지만 하나만 알고 둘은 모르니 바보스러운 사람인 것 같다.

자화자찬(自畵自讚)하여 나만의 안위(安慰)를 얻으려고 한다면 한심하고 아둔하여 현실에 뒤떨어진 사람이라고 비웃음을 당하기에 안성맞춤일 것 같다. 내가 생각하는 바른 삶이란 단지 내 주장일 뿐 남이 생각하는 것과 다를 수가 있으니 배부른 돼지의 뚱딴지같은 개똥철학이라 비웃을 수도 있다. 아무리 옳은 말을 해도 '아니다'라며 오해부터 하고 보는 세상이니 어디까지가 진실인지 거짓인지 그것을 따져볼 필요도 없이 접어두고 혼자만 알고 있는 인생철학이라 자위하며 지나쳐 버리자.

나도 세상에 태어나 철들기 시작할 때는 하나를 배우면 열을 알았을 정도로 총명한 두뇌를 가지고 태어났지만 점점 시들더니 이제는 하나를 배우면 열을 잃게 되니 앎보다 모름이 점점 더 늘어난다. 이것이 치매(癡呆)라는 것이 아니더라도 당연한 인생여로인 '무에서 시작하여 무로 향하는 과정'으로 받아들여야 할 것 같다.

사람은 그의 언행(言行)을 보고 그의 됨됨이를 짐작할 수가 있다. 얼굴은 웃고 있지만 속은 숯검정으로 가득한 사람이라면 아무리 속내를 감추며 언행을 조심하려 해도 전부를 감출 수 없어 결국 드러나게 되는 것이다.

사람의 됨됨이란 그에게서 자연스럽게 풍기는 기품(氣品)이나 품위(品位)를 말하는 것이며, 억지의 꾸밈으로 풍기는 것은 화려한 포장지로 포장된 가짜상품일 뿐이다.

"남을 흉볼 줄도 욕할 줄도 모른다. 배운 것은 없지만…"라고 자신을 낮추는 듯한 말투로 시작하지만 자기를 귀한 존재로 부각시키고 과신하기를 좋아하는 사람의 언행은 정말 가관이다.

"가진 것은 없지만 그저 밥은 먹고 산다…"로 시작하면서 으레 집을 거론한다. 강남에서 70평밖에 안 되는 집에서 아내와 단둘이 살지만 주말이면 골프도 치고 별장에서 보낸다고 한다. 차는 벤츠를 다고 다니며 한 2년 탔는데 낡았지만 그냥 타고 다닌다고 하다가 찔리는 것이 있는지 머뭇거리며 눈치를 본다. …그랬는데 회사는 부도가 나고 사는 것이 말이 아니라며, 요새 영 입맛이 없어 겨우 전복죽으로 연명한다지만 회사를 부도낸 대가로 비자금을 수백억 차명계좌로 숨겨놓고, 살고 있는 집도 차도 남의 이름으로 교묘하게 가등기하고도, "돈이 없는데 무엇으로 세금을 내라고 하는가. 세금 다 내고 장사하는 놈이 어디 있느냐. 나는 집도 절도 없으니 기초생활대상자이다!"라고 큰소리친다.

공적자금을 공으로 타먹을 궁리만 하는 사람이 있다면 그의 생활방식으로는 그의 길도 정도라 할 것이다.

얌체족의 불쌍한 알부자, 그 꼴에 무엇이 좋다고 피식피식 웃는지 징그럽게 피둥피둥 살 오른 능글족, 그것도 능력이라고 남들은 파산을 당하도록 만들어 놓고 세금을 억수로 떼어먹고도 요리조리 잘도 피하는 그 꼬락서니가 천한 줄도 모르니 한심할 뿐이다.

밝게 살아요. 속여서 많은 것을 얻는다고 값진 것이 아니거든요. 이제 숨어 살지 말고 바른길로 활보하시오. 힘들게 숨어 살지 말고 다 털어놓고 가벼운 마음으로 편히 살아요. 힘든 삶을 살기보다 즐거운 삶을 살아요. 속이려 하지 말고 속아도 보아요. 정당하게 적게 얻는 것이 부정하게 많이 얻는 것보다 더 좋은 것이거든요. 이렇게 사는 것이 값어치 있는 삶이라 하는 것이거든요.

품위(品位)란 가공하는 것이 아니라 우러나는 것이다. 활짝 핀 향초(香草)에서 풍겨오는 그윽한 향기를 꽃향기라 한다. 잔디 깎

는 풋풋한 풀 향기나 졸졸 흐르는 골 깊은 계곡에 고사되어 썩어가는 나무 등걸에 핀 이끼에서 풍기는 습한 향기는 자연 그대로의 향기이다. 사람에게서 풍기는 체취 그리고 해 저물어 가는 초가에서 풍겨 나오는 구수한 된장국 끓이는 그런 냄새는 향기롭다고 표현할 수 없지만 다정한 고향의 냄새이다.

그뿐이 아니라 묵향(墨香)이나 난향(蘭香)들의 갖가지 독특한 향내는 처음 시초 그대로 변함없이 이어져 가고 있으며, 묵향 하면 변함없는 선비의 바른 도를 의미하기도 한다.

지란지교(芝蘭之交)라는 고사성어가 생각난다. 서로 이끌려 감화될 수 있는 좋은 사귐이다. 바른길, 바른 사귐은 이런 변함없는 사귐을 말한다.

지란지실(芝蘭之室)은 향초의 방에서 난 향기 그윽하게 풍기는 방을 의미한다. 훌륭한 사람과 같이 지내는 것은 향초 풍기는 방에 있는 것과 같다는 시구 마지막 구절에서 따온 말이다.

바르게 사는 사람을 선(善)한 사람이라고 한다면 선인(善人)은 착하고 좋은 사람, 훌륭하고 뛰어난 사람, 선량한 사람 모두를 지칭하는 말로 바르게 살면 자연히 선인이 될 수 있는 것이다.

매일 대하니 사람도 난의 향기같이 있는지 없는지조차 알지 못하고 지내게 된다. 진실이든 거짓이든 매일 같은 것을 대하면 진가(眞價)라는 것을 알 리가 없다. 잠시 그것을 멀리하고 보면 진과 실이 드러나게 되는 것이다.

같은 자리에서 매일 풍기는 향기, 그것이 향기로운지 감미로운 것인지 알 리가 없듯이 아무것에도 뒤섞여 있지 않고 순수하게 독자적인 그만이 풍기는 향기도 여러 향기에 뒤섞여 있으면 독특한 향도 모르고 지내게 된다.

행복이라는 추상적인 것이 아주 먼 곳에 있는 줄 착각하고 살아온 사람은 새로운 세계를 다녀온 후에야 그 삶의 진가를 알게 되는 것이다.

향기로움의 기품에 젖고 싶음은 누구나 좋아하는 것이지만 그것을 간직하고 풍기는 어진 덕이 있는 사람에게서만 풍기는 바르고 깨끗함이다.

허상(虛像)과 실상(實像)

바르게 보인다는 것은 거울에 비친 자화상(自畵像) 같고 면경지수(面鏡止水)같이 다 들여다 볼 수 있지만 그곳에도 허점이 숨겨져 있다는 사실을 알고부터 눈에 보이는 것도 다 믿어서는 안 된다는 것을 생각하게 되었다.

거울 속에 비친 내 모습은 정녕 나의 본 모습이지만 매일 대하면서도 좌우를 구분하지 못하고 옷매무새를 고치려 하다가 헛손질을 하게 된다. 이런 것들이 마음에서 일어나는 착시현상인 허상(虛像)이라는 것인가.

진실과 거짓도 백지 한 장의 차이 정도로 아주 미미한 것이라고 한다면 지나친 역설일지 모르겠다. 하지만 세상사는 이치가 각자의 보는 시각에 따라 바르게 보일 때도 있고 비뚤어져 보일 때도 있으리라. 같은 것을 가지고 다르다고 아옹다옹 다투기도 하는 것이 우리들의 세상인 것 같다.

바른 것을 바르게 보지 않는 것을 일시적인 착란(錯亂)이나 착시(錯視)라 하지만 바르게 비추어진 모습을 일시적으로 좌우 판단이 흐트러져 헤매다가 '아! 헛손질을 하고 있었구나, 그렇구나!'하며 내가 잠시 잊고 있었다는 것을 알게 되면 아무런 문제도 없다.

하지만 '이상하다! 왜 내가 자꾸 헛손질을 하지?'라고 한다면 문제는 심각할 수밖에 없다. 마주대한 나와 꼭 닮은 모습이지만 대칭(大秤)이 다르니 잠시 좌우가 혼동될 뿐이다.

산이 높으면 골도 깊다. 귀한 것은 맑은 것과 통하고 천한 것은 탁한 것과 통한다. 안개가 자욱하면 앞이 안 보이게 되어 한 치 앞의 물체도 제대로 분간할 수 없을 때가 있다.

과문(寡聞)한 줄도 모르고 학식이나 견문을 닦을 생각은 하지 않고 실상을 허상으로 착각한 것을 사실이라 고집하여 허가 실을 앞서려 한다.

이럴 때 아이러니(Irony)한 "소크라테스의 변명"처럼 무지(無智)를 가장해서 역으로 상대방의 무지(無知)를 깨우치게 하는 방법을 찾기 전에는 그를 설득할 길이 없을 것 같지만 논술(論述)의 대가인 소크라테스의 변론으로도 이루지 못한 것이니 속수무책일 뿐이다.

우리는 착각하기도 하며 고루(固陋)하게 고집도 부리고 새로운 것을 받아들이려 하지 않고 부족한 대로 편하게 살아가는 사람

도 있다. 반면에 깨우치면서 알려고 노력하며 비루(鄙陋)하지 않게 살려고 노력하는 사람들과 알맞은 비율로 섞여 살면서 허와 실이 조화를 이루며 적당히 사는 것이 우리들의 자화상이라고 할 뿐이다.

진실은 달변(達辯)만으로는 찬사를 받지 못한다. 진실이 포함되지 않은 입에 발린 말은 하지 말자. 어설프지만 진실을 말하는 사람은 표정으로도 그의 됨됨이를 알 수가 있기 때문이다. 우리나라는 좁은 땅덩이를 가지고 있다고 손바닥만 한 나라라고 스스로 자책하면서도 지방색이 대단하다.

동서로 남북으로 각자 자기들 고장의 방언을 쓰면서 남의 고장의 방언(사투리)을 흉본다. 평소 그들만이 즐겨 쓰는 일상생활의 말이지만 타처 사람이 그것을 흉내 내면 서툴지만 재미있게 들린다.

충청도 사람을 흉내 내어 꼬집는 말이 있다.

아들이 아버지에게 외치기를, "아버지, 돌 굴러 가유!"

아버지는 벌써 몸을 돌려 돌을 피했다.

"걱정 말어부러, 벌써 피했응께. 말은 느려도 동작만은 빠르당께!"

이렇게 전라도 사람들의 흉내를 낸다면 야유보다 웃음을 자아낼 것이다. 이렇게 전라도와 경상도의 방언을 소재로 하는 코미디가 인기가 있다.

요즘 우리는 둥근 세상을 '글로벌(Global)'이라는 말로 표현하면서 세계화를 추구한다. 서툰 영어, 그것은 잘못이 아니다. 아무리 우리가 달변으로 영어를 말하려고 해도 혀가 짧으니 그들과 같을 수 없지만 알아듣고 이해하면서 의사소통에 아무런 지장이 없으면 되는 것이다.

외국인도 우리나라 말을 배우고 있다. 그들 역시 서툰 발음으로 열심히 의사를 표현하려고 하지만 발음이 잘 안 되니 우스꽝스러워 웃음을 자아낸다. 엉뚱한 발음과 잘못된 표현이지만 우리는 그 뜻을 알기에 웃어넘기며 즐거워한다.

서투른 말을 서툴게 들으면 문제가 되지만 이해하면 아무런 문제가 없다. 서툰 것이 몰라서가 아니라 표현의 방식이 달라서 일어나는 현상은 곧바로 알 수 있는 것이니 남의 약점을 먼저 들추거나 흠잡으려 하지 말자. 남의 약점을 감춰주고 좋은 점을 이야기해 주면 그는 나를 좋은 사람이라 생각할 것이다. 좋은 행동을 하면 부끄럼이 없어지고 건강에도 도움이 된다.

사람은 사람에게 감추고 싶은 것이 있기 마련이다. 남에게 들키기 싫은 자신만의 취약점은 아무리 철저히 감추어보려고 애를 써도 언젠가는 드러나기 마련이다. 그런 것을 알았다고 해서 참지 못하고 그것을 남에게 말한다면 그는 당황하고 수치심을 느낄 수 있지만 모르는 체한다면 그는 고마워할 것이다.

사랑한다는 말은 참으로 듣기 좋아서 자꾸 들으려고 하고 말하고도 싶은 말임에 틀림이 없다. 진실로 좋아한다면 사랑은 저절로

생겨나게 되는 것이다. 사람과의 만남은 첫인상이 중요하다. 첫 번째 수인사(修人事)에서 처음 대할 때의 느낌이 편안함, 따사로움, 훈훈함 등이라면 좋아할 수 있는 사람이다. 하지만 차갑다 못해 싸늘함과 후덕함이란 찾아볼 수 없는 인색함, 정감이 없는 그저 같이 있는 것조차 싫어지는 등골이 오싹하다는 표현이 저절로 나는 사람이 있다. 머리끝이 하늘로 치켜드는 소름끼치는 현상은 인간이 아니라 주로 파충류 같은 동물에서 느끼는 것이지만 그 정도는 아니라도 그런 표현을 쓸 수밖에 없는 만물의 영장도 있다는 것을 알아야 한다.

진실한 사랑이 아닌 권력이나 돈의 힘에 의하여 기인된 것이라면 그것은 허울일 뿐이다. 진(眞)이란 돈도 권력도 아니고, 강함이나 잘남도 아니다. 눈으로는 볼 수 없는 오직 마음으로만 보이는 도력(道力)이나 덕력(德力)을 가지고 서로 위해 주고 아껴 주고 부족한 것을 채워주고 싶은 마음이 생기는 그런 것을 사랑이라 한다.

과연 지옥길이라도 동행(同行)할 수 있는 사람이 있을까? 있을 수도 있으니까 그런 말을 하는 사람이 있겠지만 그래도 살 만한 세상이니 좋게 느끼면서 살자.

미워할 수 없는 것이 '아미새(아름답고 미운 새의 약자)'라 하지만 남을 미워하는 것은 나를 미워하는 것보다 더 어리석음이다. 사랑에는 이정표(里程標)가 없다. 길이 없으니 스스로 찾아가야 한다. 사랑은 마침표를 찍으면 안 된다. 물음표도 쉼표도 없이 가야 그것이 영원한 사랑이다. '묻지도 말고 따지지도 말고'라는 말은 사랑하는 데만 필요한 말이다.

주어진 삶을 어떻게 사는 것이 잘사는 것인가. 살아가면서 새로운 것을 경험하면서 끊임없이 가는 여행길이다. 끊임없는 길도 끝은 죽음이라는 것이 있겠지만 죽음이 끝이라 해도 쉼도 없이 가야하기에 머무름에 구애받지 말고 가는 대로 가면 된다. 흐르는 구름같이 그저 흘러가자. 애애(哀哀) 통제라 할 것도 없이 머무름에 연연하지 말고 갈 때가 되면 가면 된다.

자연의 섭리에 맡긴다는 것, 한 번 화려하게 피었다 지는 꽃은 열매를 맺기 위함이요, 인생의 꽃도 피고 지는 것도 열매를 맺음이니 나로 인해 태어난 흔적, 그들이 새로운 꽃이요 열매인 것이다. 그 열매는 다시 싹이 트고 꽃피워 열매를 맺을 것이니 그저 알 수 없는 길이지만 갈 때가 되면 나도 갈 뿐이다.

모든 것은 마음에서부터 시작된다. "꽃을 찾아 꽃 따라 갔다가 꽃이 지니 되돌아와 모르고 지냈는데 열매 맺고 익어 성숙한 결실되니 뒤돌아본다"라는 말이 있다.

이제 겨우 철이 들어 지나간 날을 아쉬워하고 후회도 해보지만 '살 만큼 살았으니 이제는 죽어도 좋다'라는 입에 발린 말 같지 않은 소리는 집어치우자. 이것은 죽음에 대한 두려움을 모르는 사람들의 헛소리이다. 끝이라는 것도 두려워하지 않는 좋은 일만 있다면 다행이지만 죽음을 모르니 두려움이 없을 것이다.

유구한 역사의 흐름 속에서 살지만 우리는 죽음을 모르니 두려움도 없이 그렇게 이루어지고 이루어 갈 것이다.

할아버지, 아버지, 그리고 나, 아들, 손자… 이렇게 대를 이어 간다. 자자손손의 역사(歷史)는 인연이라는 사람과 사람으로 이루어져 가는 끈이다. 만남이 없었다면 인연도 없었을 것을, 사람은 사람을 만나야 이루어지는 인연이기에 시대에 태어나 시대의 흐름에 휩쓸려 하나의 작은 점(点) 하나를 찍어 남겨놓고 가는 것이다. 그 처지(處地)를 바른 깨우침으로 일깨울 수 있도록 스스로 경종(警鐘)을 울려라. 남을 위함보다 스스로를 위하여 몸소 행하자.

사람마다 마음속에는 양심이라는 바른 도가 있으니 무엇을 주저하는가. 양심이라는 것은 어려운 것이 아니다. 배고프면 밥을 찾는 것같이 목마르면 물을 마시면 된다. '이런 것은 하면 안 되는데…'하는 생각이 들면 하지 말아야 한다. 하면 안 되는 것을 하려고 하는 것은 욕심이다.

이렇듯 허와 실은 나란히 있는 것이다. 허실(虛失)이나 허실(虛實)의 차이인 것같이 말이다.

무진장(無盡藏)

무진은 다함이 없이 많이 있다는 말이다. 무궁무진(無窮無盡)하다는 말과 같이 끝이 다함이 없이 좋은 일만 있다면 살 만한 세상이라고 하겠지만 무진장한 것을 구하려다 인생을 망치지 말자. 세상에는 무궁도 무진장도 존재하지 않으며, 무진이라는 것은 끝이 없다는 것으로 허무하고 끝났다는 의미도 내포하고 있다는 것을 기억하자.

할 말은 많은데 말할 곳이 없다. 들어줄 상대가 있다고 해도 말을 짧게 하는 것을 좋아한다. 대게 자기는 말이 많으면서 남의 이야기는 싫어한다. 남아일언 중천금(重千金)이라 했다. 자고로 남자는 입이 무거워야 하고, 여자들은 심심하니 수다 좀 떨자 하지만 수다도 자기가 하면 수다고 남이 하면 잔소리로 들리는지 "맞다 맞아!" 하다가도 토라지기 일쑤인 것 같다.

남의 말을 잘 들어야 상대를 알 수가 있지만 다 들어주자니 짜증스럽고 지루해서 말참견을 하게 되면 남의 말을 자른다고 서운해 한다. 대화의 목적과 견해(見解)가 다르고 이익과 명분을 요구하는 대화일수록 자기주장이 억지로 변하게 되어 이해나 양보보다 설득하려고 열을 올리게 된다. 그러다가 피차 자기주장을 다하지 못하고 중단하면 서운하다, 곤욕스럽다, 모욕(侮辱)을 느꼈다, 그럴 줄 몰랐다 하면서 푸념하게 된다. 그러다 말면 다행이지만 자기주장을 관철(觀徹)시키려 하다가 언쟁이 논쟁으로 변하여 험악한 상황에 처하게 되면 되돌리기 어려워 후회하게 된다.

무구언(無口言)은 입이 있어도 할 말이 없다. 즉, 할 말이 없는 게 아니라 말하지 않는 사람이다. 이 말은 '무구언 오비지(無口言吾鄙之)'라는 글의 머리글이다.

"자기가 뽐낼 만큼 출세하여 고향의 옛 친구들에게 지난날의 이야기를 하지 않는 사람을 나는 하찮은 사람이라 생각한다"는 말로 공자님의 말씀으로 알고 있다. 인색(吝嗇)한 변명이 되겠지만 무진장 많고 많은 학문 중에서 그 일부분만 알고 있을 뿐이니, '구우일모(九牛一毛)'라고 아홉 마리 소의 많고 많은 털 중 겨우 하나를 알고 있으니….

나이만 먹다보니 퇴직하여 직장에서 추방당하고 보니 내세우고 자랑할 것이라곤 아무것도 없다. 화려하게 금의환향은 못했지만 그래도 태어난 고장 부근에서 과히 부끄럽지 않게 노후를 산다는 것만으로도 족할 뿐이다.

고사성어는 대부분 중국 역사 속에 녹아있는 말들로 우리가 흔히 말하는 춘추시대는 존왕양이(尊王攘夷), 즉 '왕권을 존중하고 오랑캐를 물리친다'는 시대에 공자나 노자의 사상이 일어났고, 전국시대는 약육강식(弱肉强食)의 시대로 맹자나 장자의 사상이 일어날 때 주로 많은 말들이 생겨난 것 같다. 춘추전국시대의 변화 속에서 인자지예(仁者之禮), 즉 어질고 예의가 있는 사상이 동양철학의 근본이라 하지만 조금 안다고 함부로 이야기할 곳이 없는 철학일 뿐이다. 지금은 쉬운 말과 편안함만을 추구하며 살길 원하니 함부로 사용하기 난처한 말들이 너무 많은 것이 사실이다.

사람은 예나 지금이나 출세를 하면 고향으로 돌아가 자신을 과시하길 원하는 사람도 있고 초야에 묻혀 조용히 사는 사람도 많으니 금의환향(錦衣還鄕)이나 금의야행(錦衣夜行)의 고사성어가 생각나서 써 놓고 보니 그 유명한 항우(項羽)가 떠오른다.

항우는 전국시대 진(秦)나라 말기의 무장으로 숙부를 따라 거병(擧兵)하여 진나라를 격파했고 함양(咸陽)을 불살라 버린 후 서초(西楚)의 패왕(霸王)이 되어 제후가 되었지만 한(漢)의 고조(高祖)와 다투어 해하(垓下)에서 사면초가(四面楚歌)를 당하여 오강(烏江)에서 스스로 목숨을 끊으니, 무진장 누리려던 무한(無限)의 권세도 한계가 되면 소멸된다는 것을 일깨워 주는 대목이다.

항우는 진을 멸하여 아방궁을 불태우니 화려하던 진나라도 잠

깐의 영화지만 패권을 잡은 항우 역시 대승성취를 고향친구들에게 알리고 싶었는지 함양을 도읍으로 정하라는 신하의 말을 뿌리쳤다. 자신의 출세를 과시하려 하는 말로, "출세하고도 고향에 돌아가 알리지 않으면 비단옷을 입고 밤길을 가는 것과 같다"는 말로 아무도 알아주지 않으면 무슨 소용이 있는가 하는 말이다.

두주불사(斗酒不辭)라는 고사성어도 전국시대 항우가 고조를 못마땅하게 여겨 연회석상에서 고조를 해치려고 할 때 그의 신복 번쾌가 연회장으로 뛰어들어 소란을 일으켰다. 항우가 뜻을 이루지 못하게 되자 번쾌에게 술을 권하는 과정에서 "목숨도 사양하지 않았는데 말술인들 사양하겠는가"하여 항우의 간담을 써늘하게 만들고 고조를 위기에서 구한 과정에서 생겨난 이야기라서 나열해 보았다.

예나 지금이나 무진장이란 과욕은 화근(禍根) 덩어리이다. 작은 것을 고마워하고 아낄 줄 알아야 큰 것을 이룰 수 있다. 우리는 많은 수난을 겪었다. 역사를 논할 수 없어도 알고 있는 것이 있다면 임진왜란 때 국운이 백척간두(百尺竿頭)에 처해 있는데도 당쟁과 알력으로 얼룩진 역사를 배워서 기억한다.

'상유십이 순신불사(尙有十二 舜臣不死), 아직 12척의 배가 남아있고 이순신은 죽지 않는다'라는 충정과 자신감이 담긴 글귀이다. 남은 배 12척으로 다시 전열을 가다듬어 왜군을 물리친 이순신 장군처럼 힘을 모으면 아무리 강한 적도 물리칠 수 있다는 교훈이 감격스럽다.

"나의 죽음을 적에게 알리지 말라!"

이 말이 애달프고 아쉬워 그 여운이 사라지지 않는다.

우리의 역사는 암울(暗鬱)하기도 하고 화려하기도 했지만 저물어가는 황혼의 할아버지에게는 용기가 없다. 그러니 말 같지 않다고 비웃을지도 모르는 옛날이야기를 아들에게 그리고 손자들에게 들려주고 싶은 욕심에서 할아버지가 살아온 세상 사는 이야기를 하고 있을 뿐이다.

앞으로의 세대는 한참 때인 젊은이들의 몫이다. 출발점에 서있는 새싹들에게 공맹의 도와 노자의 예도 당구풍월(堂狗風月)이겠지만 힘주어 말하고 싶은 것은 '배움은 시작(始作)만 있고 끝이 없는 것'이라고 말하고 싶을 뿐이다.

소년이로(少年易老) 학난성(學難成), 즉 소년은 늙기 쉽고 배움은 어렵다라고 했다. 배움과 앎을 위해 노력과 투자는 많을수록 좋은 것이다.

고학무우(孤學無友)라는 말을 더듬어보자. 혼자 공부하고 친구도 없다는 말이다. 과거 암울한 시기에는 고학으로 판검사도 되고 정계 · 제계에 두각을 나타낸 사람들이 많았다.

혼자 배운다는 것이 그리 쉬운 일이 아니다. 학별도 없이 출세했다면 그를 무시하거나 혼자 공부했으니 안목도 없고 견문이 부족하여 이룬 것이 없다고 비웃기도 했다. 맞는 이론일 수도 있지

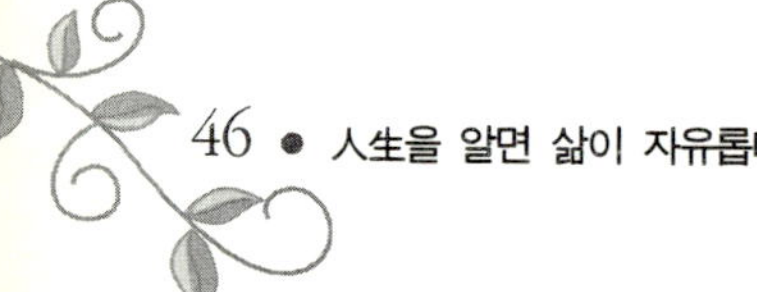

만 다 그런 것이 아니니 비루(鄙陋)한 생각이다.

다 갖춘 완전무결한 사람이라면 금상첨화(錦上添花)겠지만 말이나 이론처럼 쉬운 것이 아닌지, 요즘 로스쿨 문제로 적지 않게 갈등을 빚고 있는 학교 간의 유치경쟁이 대단하다.

우리는 배운 만큼 행복해질 권리가 있고 아는 것만큼 누려야 한다. 배워 알기를 체계적으로 가르치기 위한 것이 법학전문 대학원인 로스쿨(Law School)인 것 같다.

일반지식을 습득한 다음 전문지식을 폭넓게 배워 법관이나 판검사, 변호사가 되어야 한다는 논리(論理)이니 반대할 이유는 아무도 없지만 학교 배정과 정원을 두고 마찰이 이만저만이 아니다. 법을 공부하여 출세하기가 어려워진 것인지 기존 법학과들이 배정을 받지 못해 어수선하다.

법관이 되려는 꿈이 있고 우리 학교는 전통이 있는데 제외된다면 배울 권리와 가르칠 권리도 접어야 하는가. 하지만 유한(有限)이라는 규칙 때문에 무한(無限)이 있는 것이다.

유한이나 무한은 끝이 있는 것이 아니고 끝이 없는 것이다 하면 아리송하지만 "준마(駿馬)도 한 번에 열 걸음을 갈 수 없고 둔마(鈍馬)도 열흘을 가면 꽤 멀리 갈 수 있다"라고 했다.

노력하면 행복해지는 것이 당연한 이치이다. 부유하고 귀하게 되어 세상에 이로움을 주는 사람이 있는가 하면 부귀(富貴)하게 되고도 인색하여 사회에 누를 끼치는 사람도 있고 천함을 겨우

면하고도 행복해하면서 마음의 부귀를 누리는 사람이 뒤섞여 사는 세상이다.

동주공제(同舟共濟)라는 말이 있다. 우리나라 국민은 같은 배를 탔으니 다같이 힘을 모아 강을 무사히 건너 행복하게 살아야 하는데 우리의 행복지수(幸福指數)는 과연 얼마나 되는가. 행복지수는 우리의 삶이 얼마나 행복한가를 숫자로 나타내는 것이다.

GNP(국민총생산량)나 GDP(국내총생산량)가 꾸준히 오르고 있다. 하지만 경제는 성장하고 규모 역시 커지지만 의식수준이 따라가지 못하면 선진 대열에 동참할 수 없다. 국민총소득이 2만 불을 넘겨도 개인별로는 1만 불 미만의 국민이 대부분이라면 이는 불균형한 사회일 것이다.

그러나 행복지수는 내가 행복하다 하면 행복인 것이다. 아무리 정부가 그렇게 결정지어 주어도 만 불도 안 되는 수입으로 행복함을 느끼는 사람이 있는가 하면 그보다 몇 배 많은 4만 불이라 하지만 더 많은 무진장을 탐하는 사람도 있기 마련이다.

기초노령연금은 생활기금으로 65세 이상 소득이 없는 사람에게 정부가 지급하는 복지기금이다. 대부분 노인들은 하루 세 끼 밥을 굶지 않고 작지만 내 집에서 잠을 자면 행복으로 알고 사는 사람도 있지만 먹고 사는 삶의 차이는 같을 수 없다.

나는 며칠 전 대기업에서 이사장으로 퇴직한 친구가 새로 이사하여 집들이에 초청되어 간 적이 있다. 강남 한강이 굽어보이는

고급아파트였다. 드넓은 거실로 들어서니 영화관같이 커다란 TV에 고급 오디오, 화려한 가구, 대형 수족관에는 팔뚝보다 큰 관상어가 헤엄을 쳤다.

있을 것은 다 있는데 없는 것이 있다. 고급 탁자 위에 향기를 뽐내는 고가의 동양란, 그 옆에 한 권의 책이라도 놓여 있었으면 하는 아쉬움을 느꼈다. 사방을 둘러봐도 서책 한 권 꽂아둘 공간도 없이 온통 양주 진열장과 화려한 도자기, 대형 가족사진과 나란히 걸린 서양화, 진품인지는 알 수 없지만 음미해 보려고 해도 감이 잡히지 않는다. 친구가 부럽기보다는 '취미란 그 사람의 인격을 나타내는 바로메타라는 말이 맞는 말이구나' 하는 것을 깨달았다.

'억! 억!' 하는 세상이지만 몇 십억 하는 친구의 아파트에서 비싼 양주 대접을 받았지만 마음이 영 편치 못하여 빨리 피하고 싶을 뿐인데 자랑을 늘어놓아 곤혹을 치른 적이 있다.

그러나 교육공무원으로 정년퇴임한 한 친구는 지방에서 1억도 안 되는 작은 단독주택에서 화초를 가꾸며 지금도 책을 벗 삼아 살고 있다. 노부부가 살고 있는 그 집안은 온통 책들로 가득 찼는데 좁다란 거실에서 커피를 같이 마시면서 세상 사는 이야기를 하던 기억을 더듬어보니 행복지수라는 것이 무형의 수치일 뿐이라는 것을 알았다.

소박한 탁자 위에 있는 한 권의 책과 한 잔의 차가 대형 이태리 탁자 위를 장식한 꽃바구니와 고급포도주보다 운치가 있을 수 있다는 것은 마음으로 음미하는 행복지수이다. 가진 것은 많지 않아도 적은 정성으로 나보다 못한 사람이 조금이라도 도움이 되는 것으로 족하다면 그의 행복지수가 더 높은 것이다.

나만을 내세우려 하지 말고 내가 도움도 받고 살았으니 조금이라도 남에게 도움을 줄 수 있는 길을 원한다면 서슴없이 자신을 위하는 것이라 생각하고 투자해보라. 그 투자로 인해 편안한 마음이 생긴다면 도움을 주는 것이 얼마나 값어치 있는 것인 줄 알게 될 것이며, 같이 공존하고 공감하며 사는 것이 얼마나 마음 편한 것인지를 알게 될 것이다.

공존이나 공감은 대동소이(大同小異)한 것이다. 크게 보면 다를 것이 별로 없으며 혜시(惠施) 즉, 은혜를 베푸는 데는 소동이도 대동이도 없다는 논리(論理)이다. 많고 적은 것을 떠나 함께 동참할 수 있다면 행복지수가 아주 높다는 것을 경험했고 고민했으니 나는 말할 수 있다. 우리 모두 위장(僞裝)했던 마음으로 고민하지 말고 경험하지도 못했으면 논하지도 말하지도 말고 일단 부딪쳐 보자. 노력하지 않고는 만족을 느낄 수 없다.

노력하여 이룬 것이라면 불안감이나 죄스럽다는 죄책감 같은 것은 고민하지 않는다. 당황하면 만족감을 느낄 수 없다. 노력 없이 부당한 이익을 얻었다면 문제는 달라진다. 죄지은 것도 없으면서 죄책감 같은 불안이 생기는 것은 정당한 얻음이 아닌 것을 알아야 한다. 위장술의 탈을 벗어던지자.

위장술(僞裝術)

사람은 퍽이나 똑똑한 척하지만 우매(愚昧)하여 자기가 파놓은 함정(陷穽)에 빠지기도 하고 모함을 당하기도 하는 우둔(愚鈍)한 존재인 것 같다.

인함어우(仁陷於愚)란 어짊이 어리석음에 빠지는 것을 말한다. 어진 정치는 이런 어리석음을 용납(容納)해서는 안 된다. 인(仁)은 사람끼리 서로 친애함이다. 함(陷)은 빠지다, 떨어지다 로 해석한다. 함정은 수렁이나 험한 곳에 잘못하다 헛다리짚어 빠지게 파놓은 구덩이로, 표면은 표시가 나지 않게 위장하여 만들어 놓은 곳이다.

자신의 본모습이 너무 초라하여 상대방에게 혐오감을 주지 않으려는 꾸밈이거나 악의 없는 꾸밈은 그 감춤이 사실과 다르다 할지라도 애교로 봐줄 수 있다. 하지만 술수(術數)로 위장하여 상대방을 현혹시키고 탐하여 얻고자 하는 것을 노린다면 이런 위장술은 파렴치(破廉恥)한 사기(詐欺)술로 지탄의 대상이 되는 것이다.

카멜레온은 파충류(爬蟲類)의 일종인 도마뱀이다. 위장술이 아주 뛰어나 주위 환경과 온도에 따라 보호색으로 몸의 색깔을 변화시키는 변온동물(變溫動物)이다. 굼벵이도 구르는 재주가 있다고 하등동물도 스스로 자신을 보호할 능력은 타고나기 마련이다. 징그럽고 우습게 생겼고 느림보 같고 아둔하게도 생겼지만 먹이를 낚아챌 때는 민첩하고 정확한 사냥꾼으로 변하는 것은 이들이 살아남기 위해서 자연적으로 환경에 적응하면서 진화해온 것이다. 하지만 아무리 술수가 뛰어나다 해도 위장술의 대가인 두 얼굴을 가진 인간을 능가하지는 못할 것이다.

우둔한 척도 하고 잘난 척도 하면서 몸을 낮추기도 하고 과시하기도 하면서 자기의 견해(見解)를 사실대로 드러내지 않고 과장(誇張)도 하고 축소(縮小)도 해가면서 상대방을 우롱(愚弄)하며 스스로 방어와 공격의 기회를 엿보는 기회주의자이며 만물의 영장을 자처하는 사람이 있다.

윗사람에게는 아첨(阿諂)하고 아부(阿附)하지만 힘없는 아랫사람에게는 그의 인격과 처지 따위는 아랑곳하지 않고, 오히려 자신을 과시하기 위한 수단으로 여유를 부리며 멸시하고 속이 다 들여다보이는 질 나쁜 사람이 늘어난다면 살기 힘든 세상이 될 것이다.

가사(假死)나 가식(假飾)으로 죽은 척도 하고 다쳐서 날지도 못하는 척 허우적거리며 이상한 행동을 하면서 적을 새끼들이 있는 둥지 밖으로 유인하여 위기를 모면해 보려는 동물들의 행동이나 또는 카멜레온의 보호색 같은 속임수로는 인간을 속여 넘길 수 없다. 하지만 사람이 사람을 속이는 위장술이 고도로 발전하고 변화하고 있으니 이런 변장술의 달인들이 정치나 공무원이 되고 직장의 상사나 동료 또는 친구라 한다면 힘든 삶이 된다.

하지만 다른 방도가 없어 같이 살 수밖에 없다면 할 수 없이 환경과 시대에 적응하며 참고 살아야 하지만 적응치도 못하고 변하지 못하면 자연히 소외되어 외톨이가 되든가 도태되고 말 것이다.

우리 속담에 '살자니 고생이요, 죽자니 청춘이다'라는 사회를 단적으로 풍자한 기막힌 말이 있다. 불편한 세상 마지못해 산다면 이런 것을 억지의 삶이라 한다.

그런데 과거 80년대에는 사상과 이념의 갈등 속에서 옳고 그름을 알고 한 것인지, 아니면 모르고 먹고 살기 위함인지, 누구의 사주를 받고 고의로 한 것인지, 고학력자가 천한 노동자로 변신하여 힘없는 노동자를 선동하여 파업을 부추기며 요구조건을 내세워 국정을 곤혹스럽게 만들기도 했다.

또한 강경진압이니 탄압이니, 이런 충돌이 정당하다 부당하다 하면서 자신들의 정치적·사회적 위상을 내세워 정당화하려는 많은 다툼을 보면서 살았다. 취업이 살기 위해서인지 아니면 선동을 일으켜 사회를 혼란스럽게 하기 위함인지 지나간 과거는 역사가 판단할 일이니 따져보거나 알려고 할 필요도 없지만 위장취업이 현재에 와서도 일어나고 있다고 한다.

요즘 최고학부를 나오면 오히려 취업할 곳이 없으니 학력을 속이고 가능한 한 하향 직책인 노동이나 생산직으로 취업하려는 사람들이 늘어나고 있다고 한다.

배움이 아쉽고 모름을 한탄하던 시대가 엊그제 같은데 이제 많이 배운 것이 걸림돌이 되고 많이 안다는 체통 때문에 설자리가 마땅치 않아 스스로 기피하는 것이라면 할 말이 없다. 하지만 그런 것이 아니라 너무 많이 아는 부하나 직원은 다루기가 까다로워 기피하는 것 같은 아리송한 세상사이다.

이렇듯 고학력의 고급인력이 설자리가 없다면 잘못된 사회가 아닌가. 많이 배우고 유능한데 갈 곳이 없다니 어불성설(語不成說)이라고 할지 몰라도 많이 배운 것 때문에 구직난에 허덕이는 사회가 틀림없는 것 같다.

고학력자의 고급인력들이 갈 길을 잃고 헤매는데 인력난에 구인난을 치르고 있는 현실을 어떻게 해석해야 할지 답답하다. 대책도 없이 고학력자들을 양산하여 기형의 사회로 만든 것인가. 아니면 많이 배웠다고 쉽고 편안한 일자리만 원하기 때문인가.

가짜 학력에 가짜 박사가 판을 치던 시기도 간 것이라면 위장을 해서라도 진짜 박사가 가짜 무식자로 둔갑하여 대(大)가 고(高)

나 소(小)로 위장해야 살아갈 수 있다면 이런 속임수를 애교로 봐줘야 할지 처벌을 해야 할지 아이러니한 세상이다. 정말 해법도 해답도 없는 것인지 답답하기만 하다.

해방 직후 우리의 지식수준은 너무 낮았고, 글을 아는 사람이 거의 없는 어둠 속에서 살았다. 무지로는 바른 정치를 할 수 없다. 교활(狡猾)한 자가 지식을 가지면 무식한 자를 앞세워 바른 것을 억압하지만 현자(賢者)가 지식을 갖추면 무지한 자도 바른길로 이끌 수 있다. 하지만 지난 과거에는 배움이 너무 부족하여 소학교만 나왔어도 면 서기의 일을 할 수 있을 정도의 낮은 수준도 자랑삼았었다.

"그래도 소학교는 졸업시켰다"라고 자랑삼던 과거 우리들의 아버지 모습이 50년 전의 학력 수준이었다. 그런데 반세기 만에 기적이 일어나 고학력자가 남아돌아가고 있다. 더구나 교활한 자들도 넘치는지 곳곳에서 지능적인 부정부패와 비리가 일어나 적잖은 사회적 문제가 발생하기도 한다.

'손에서 책을 놓지 않는다'라는 뜻의 수불석권(手不釋卷)이 떠오른다. 배우려고 해도 너무 가난하여 학교에서의 배움을 포기하고 주경야독하며 성공을 이룩한 기성세대들이 오늘날 이만큼 살게 만들었다고 자랑하기도 하지만, 우린 그분들의 고마움을 알아야 한다.

세계 일류의 지식수준을 갖춘 인테리어들이 갈 곳이 없어 방황하는 기형의 사회에 정치 지도자들은 하나같이 일거리를 창출하고 경제를 살리고 물가를 잡는다고 하지만 고학력자들은 갈 곳이 없다. 3D라는 세 가지 지저분한 일자리라도 찾아보려고 학력을 속이고 취업했지만 아는 척하다 들키게 된다면 상사는 똑똑한 아랫사람을 마음대로 다루기 힘들고 상사로서의 무능과 무지가 드러나니 자신의 자리에 위협을 느껴 결국 해고시킨다. 이런 현상이 요즘 기업의 노사 간에서 일어나는 마찰이다.

정치사회도 마찬가지인데 '나누어 먹기식' 혹은 '편 가르기' 같은 것을 주고받은 후에 그 이익을 주지 않는 잘난 부하를 원치 않는 것 같다. 일거리를 만들고 경제를 살리는 것의 기준이 무엇이기에 '확실히 경제를 살리겠다' 하고도 이루지 못하고 오히려 IMF로 몰고 간 그 정책과 개방정책도 이루지 못한 경제 살리기이다.

'이번에는 물가를 확실히 잡겠다'고 했지만 물가는 천정부지로 뛰어오르기만 하니 이런 것이 우리 정부 정책의 탓이 아니라 세계적인 경제의 흐름이라 한다면 할 말이 없는 과거의 안일한 정치는 이제 그만 했으면 한다.

쌓이는 곳은 풍년인데 없는 곳은 점점 춥고 배고픔뿐이라면 '잡는다'는 말이 이상하게 들리니 '잡쳤다'는 말로 바른말 좀 하고 싶어도 들어줄 사람이 없으니, 낙서라도 해 가면서 다같이 소박(素朴)하게 바른 생활방식을 택하여 살길 바라며 원할 뿐이다.

허상이라는 착각은 거울 속에 비친 내 모습처럼 매일 대하면서

도 세상 돌아가는 모양새를 그전에는 아주 작은 사건이 생겨도 큰일을 본 것같이 호들갑스러워했다. 하지만 이제는 살아오면서 너무 터무니없는 크나큰 사건 사고들을 대하다 보니 큰 사건들을 보고도 면역이 된 것인지 '또 일어났구나!' 하고 지나치기 일쑤이다. 아무리 위장하고 다가와도 속지 않으려 하지만 뛰는 놈 위에 나는 놈이 있는 세상이고 보니 속고 또 속으며 살 수밖에 없다.

바른 것을 정의라 한다. 재벌이나 권력이 아무리 막강해도 정의라는 것을 누를 수 없다. 위장술이 아무리 뛰어나도 반드시 그 베일은 벗겨지기 마련이다. 많이 쌓이면 무너지기 마련이며 아무리 치솟아도 한계가 있기 마련이다.

폭등과 폭락은 언제나 지속되기 마련이다. '폭등해도 폭락해도 항상 이익과 손실의 패는 갈리게 되는 것이 경제원리'라고 아리송한 말로 호황일 때나 불황일 때도 나름대로 인색한 변명뿐이다.

소와 곰의 싸움 같은, 꼬집어 누가 이길 것 같다는 막연한 정책은 이제 그만 접고 일할 곳을 찾아 헤맨다는 사람에게 일할 곳을 만들어 주었으면 한다.

일에는 자영업이 있는가 하면 남의 집안일을 해주고 품삯을 받는 머슴이 있지만 주인과 머슴 사이를 노사(勞使)라 하여 마찰이 끊이지 않는다. 그런데 고용주보다 고용인이 큰소리치는 세상이 되려고 그러는지 요즘 정치판에서 유행되는 말이 "국민의 머슴이 되어 국민을 하늘처럼 섬기겠습니다"라고 한다.

참으로 먹고 살기가 그렇게 어려운지 기를 쓰면서 열변을 토하며 머슴 되기를 차처하며 애원(哀願)을 한다. 국민의 머슴자리가 꽤나 힘든 자리인 줄 알았는데 편하고 수입이 짭짤한 곳인지 그곳으로 몰리는 평범한 독지가(篤志家)들이 넘쳐나고 있다.

고학력 박사가 넘치는 나라가 되어 박사 머슴에 석사 요리사에 학사가 시중드는 식탁에서 고졸 대통령과 마주앉아 식사하는 국민도 좋고 대졸 청소부도 관계없는 좋은 나라이다. 우리나라는 틀림없이 살기 좋은 지상낙원이 될 것 같으니 기대해도 될지 모르지만 그들이 머슴이 되고자 하는 속내를 알 수 없다.

이제 손바닥으로 하늘을 가려보려는 어리석은 짓거리는 그만했으면 한다. 한사람의 손바닥이 아무리 커도 천하 사람들의 눈을 가릴 수 없는 것이다.

엄이도령(掩耳盜鈴)이라는 말을 이럴 때 사용해보자. '자기 귀를 막고 남의 방울을 훔친다'는 뜻으로, 자기 귀에 들리지 않는다고 남도 모르는 줄 아는 어리석은 사람이 독지가로 자처한다면 후에는 엄이도종(掩耳盜鍾)으로 변해서 더 큰 종도 훔치려 들까 심히 걱정스럽다.

독주양서(毒酒良書)

독한 술과 좋은 책이라는 말을 하고 싶어 써 놓고 보니 고사(故事)에 나오는 말도 아니고 사자성어라 하기에도 앞뒤가 어울리지 않는 낙서일 뿐이다.

다만 술은 몸과 마음을 해치는 독약이 된다는 것과 좋은 책은 정신을 맑게 하는 청량제(淸涼劑)로 마음을 평화롭게 해준다는 것을 알았기에 그것을 강조하려고 적어 놓고 보니 그래도 말하려는 인용어구의 소제목으로는 손색이 없을 것 같다.

허와 실이 뒤엉켜 혼탁한 세상에서 술에 취해도 보고 책 속에 빠져도 보며 낙서 같은 글이라도 써내려 간다. 그렇게 쉼과 마침을 알 수 없는 반쪽자리 같은 인생여로를 나는 나대로 가면 된다는 생각에 삶에 자신이 생긴다.

나는 오늘도 낙서(落書)를 하며 세상을 엿보기라도 하듯이 사실을 보고 듣고 느낀 대로 말을 하면서도 혹시 허상(虛像)을 보고

기담(奇談)이나 괴담(怪談) 같은 꾸민 이야기를 하는 것처럼 의문도 생기니, 하나를 보고도 둘 혹은 셋으로 보이고 반쪽짜리를 하나로 보는 기현상이 될까 그것이 심히 걱정이 된다.

기현상(奇現象), 모자라는 실력으로 착각 속에서 같은 글자나 문장 그리고 하나의 문구도 설명을 달리해 보고 응용도 하면서 미완성의 말들을 아무 생각도 없이 확실한 뜻도 모르면서 한말을 또 하게 된다. 바쁘고 시간 없다는 핑계를 대면서 배우려 하지 않고 술에 취해 넋두리하며 많은 세월을 쉼도 그침도 없이 열심히 살았다 큰소리 쳤지만 확실히 배우지 못한 것이 부끄러워진다. 이제라도 못 읽어본 책들도 읽고 진실이라는 참을 생각해 보며 지난날 바쁜 생활에 취(醉)하고 술에 취했던 생활방식을 바꾸고 얼마 남지 않은 시간이겠지만 잠시 여유를 가지고 참 삶이라는 것을 생각해 보자.

술은 깨어날 때가 되면 근심이 찾아오고,
좋은 책은 음미할 곳에 이르면 재미가 한층 더 오래 간다.

취한다는 것은 그것에 빠져드는 것이다. 술에 빠져들어 취하는 것이나 책 속에 몰두하다 보면 그곳에 빠져들어 심취(心醉)하는 것은 성격상 전혀 다르다.

성취(醒醉)라는 단어는 술에 취했다 깨어난다는 뜻으로 술을 마실 때와 깨어날 때 정반대의 현상이 일어나는 상황을 단적으로 표

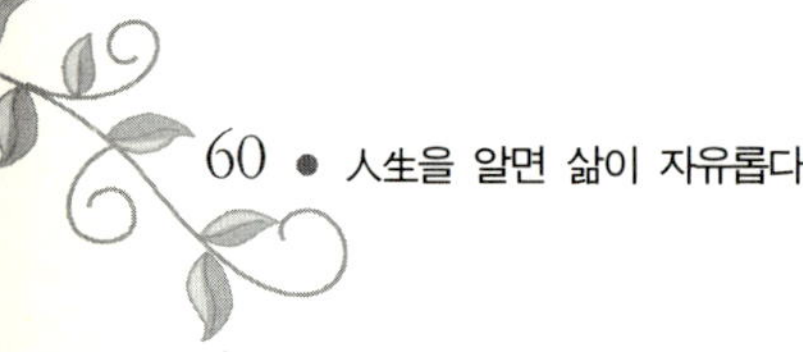

현하는 말이다. 책 속에 빠져들어 도취(陶醉)된다는 말은 몰두(沒頭)로 인해 어떠한 일에 열중하여 깊이 취함이라는 심취(深醉)와도 상통한다. 술의 취함은 일시적인 마비현상이며, 책에 취함은 몰두하는 현상으로 깨달음이나 뉘우침에 취하는 것이다.

새로움을 깨닫고 도리를 찾아 뉘우침은 양서를 읽고 자신의 무지를 일깨우는 것이나 술을 마시고 깨어나 '왜!' 하고 후회한다면 독주나 양서도 다같이 뉘우쳐 이루는 성취(成就) 자체는 같은 것이나 본질은 판이하게 다른 것이다.

몰두몰미(沒頭沒尾)라고 밑도 끝도 없는 말 같지 않은 글을 쓰면서 자만심(自慢心)에 취해 보았지만 그래도 술 취해 아까운 시간을 허비하는 것보다 한 권의 책이라도 읽어야겠다는 생각을 하게 된 것을 다행으로 생각한다.

술은 알맞게 마시면 약이라 하여 약주(藥酒)라 하지만 알맞은 정도를 조정할 줄 모르니 과음하게 되어 몸과 마음과 정신마저 그르치는 독약으로 변한다. 하지만 좋은 책은 정신을 맑게 하는 마음의 양식이라 하기도 하고 불량서적은 청소년들의 정서를 그르치기도 하니 책이라고 다 좋은 것만도 아니다. 같은 양서의 책을 읽고도 다르게 생각할 수 있으며 불량서적을 읽고도 자신의 과오를 뉘우칠 수 있다면 불량서적도 사람에 따라 양서 역할을 한 것이다.

책과 술같이 어울리지 않는 이질(異質)의 화두(話頭)로 인해 감히 감당(勘當)하지도 못할 말을 한다 해도 할 수 없지만 한때 나도 애주가(愛酒家)도 아닌 술고래가 되어 근심 걱정도 시름도 달래주고 생활에 활력을 주는 음식이라 자랑도 했다. 또한 격정(激情)을 달래주는 치수약(治愁藥)이라 하면서 많은 스트레스를 술로 달래려고 탐(耽)할 만큼 마셔도 보고 취해도 보았다.

근심과 걱정을 잊게 해주는 명약(名藥)이라 했지만 깰 때의 고통이 이만저만이 아니었다. 취할 때 잠깐의 황홀함, 깰 때의 기나긴 허탈감과 고통뿐인 백해무익한 술이지만 반면에 양서는 읽음으로써 깨닫고 뉘우치는 신선함을 아주 오래 가슴속에 남아 있게 한다는 것을 체험으로 알았다.

이 세상에 모든 것을 다 성취(成就)한 사람이 있겠는가마는 그래도 '이만하면 나로서는 다 이룬 것이다'라고 한다면 그는 성취한 사람일 것이다. 성취의 정의도 모르면서 성취 운운하기는 쑥스러운 일이지만 성취의 정의는 나도 그리고 아무도 정의를 내릴 수 없다는 것을 알았다.

내가 이룬 것도 남이 보면 아무것도 아니며 남이 자랑하는 것도 내가 볼 때 별것도 아닌 것이라고 할 수 있다. 참으로 요지경 속에 사는 인간들의 어리석음을 보고 또 겪으며 살아가다 보니 성취감보다 허탈감이 나를 괴롭힌다.

항다반사(恒茶飯事)

우리의 일상생활이 수레바퀴 돌 듯 매일 그 자리 같고 하루 세 끼 밥을 먹고 차도 마시는 것처럼 언제나 변하지 않고 일상적이고 평범한 일만 있다면 무미건조(無味乾燥)한 그게 그것일 것이다. 하지만 세상의 삶이 고도화 성장의 물결 속에 조석으로 변해가니 하루 잠시(暫時)라는 짬 사이에서 일어날 일들도 예측하기 어려우니 한 잔의 차를 마시는 잠깐의 시간도 마음 놓고 편이 쉰다는 것도 그리 쉬운 일이 아닌 것 같다.

이 세상에는 꼭 있어야 할 것과 있어서는 안 될 것, 그리고 있어도 없어도 아무런 상관이 없는 물건이나 물질, 그리고 사상(思想)과 같이 추상적(抽象的)인 개념들이 공존(共存)하면서 세상을 꾸려가고 있다는 생각도 해본다. 하지만 이런 공상도 나 혼자의 안이(安易)한 생각이라는 것을 깨달았다.

간밤에도 많은 술을 마셨다. 취할 때와 깰 때의 희비의 쌍곡선을 그렇게 많은 세월 동안 겪어왔건만 어리석게도 같은 실수를 또다시 저질러 놓았다. 스스로 자학(自虐)하고 자책하듯이 머리가 무겁다는 핑계로 오늘 하루는 아무도 만나지도 않고 그리고 누구에게도 방해 받지 않고 쉬면서 자아비판은 아니지만 자신의 마음 하나도 다스리지 못하는 나는 이 세상에 있으나 마나한 존재라는 것을 생각하게 되니 허탈해진다.

간밤의 이부자리는 옆으로 젖혀두고 화풀이라도 하듯이 진한 커피 향을 마시고 있노라니 언제부터 내가 커피에 길들여진 것인지 아니면 맹목적인 노예가 된 것인가 알 수 없이 습관화되어 버렸다. 다도(茶道)나 다례(茶禮)라는 것도 잊어버리고 다(茶)를 차(茶)라고 할지 망설이다가 발음 나는 대로 다도 좋고 차도 좋다.

이러한 한자의 독음(讀音)은 필요에 따라 혼용(混用)하여 편한 대로 매일 타고 다니는 자동차를 차(車)나 거(車)라 읽어도 일상생활을 하는 데는 서로 알아들을 수 있으니 다반사의 뜻대로 예사스러운 일이 아닌가 한다.

오늘은 뜻있는 일을 찾아보자 하면서 벽에 걸린 달력을 더듬어 보니 4월 20일 큰 글자 밑에 잔글씨로 곡우(穀雨)라 적혀 있다. 매년 번갈아가며 찾아오는 24절후(節侯)지만 금년은 봄 가뭄이 극심하니 곡식(穀食)에 이로운 비라도 흠뻑 내렸으면 하며 창을 열어젖히니 화사한 봄기운이 확 밀려든다.

곡우는 입하(立夏) 녹음방초(綠陰芳草)의 시작을 알리는 계

절이다. 성하(盛夏)의 문턱에서 산야로 나가보았다. 새순이 막 돋아 오르는 때 산채(山菜)는 아주 상큼하고 향기로울 때다. 가까운 산사 계곡을 찾아 떠나자 하고 길을 나섰다.

벚꽃과 진달래들이 시들어 눈 내리듯 분분한데 뾰족이 내민 새순들이 돋아나고 양지 바른 개울가엔 산나물이 탐스럽게 자라난다. 은은한 산사 스님의 독경소리 사이사이로 풍경소리가 들려오니 생각나는 글귀가 떠오른다.

> 객도가상반(客到家常飯), 승래곡우다(承來穀雨茶),
> 집에 손님이 오면 늘 먹는 집안 음식으로 대접하고,
> 스님이 오시면 곡우 때 따서 만든 차로 대접한다.

이런 글이 있는 것으로 보아 곡우 때 돋아난 새순으로 만든 차가 일품이라는 말대로 산채도 제일 향긋한 호시절인 것 같다. 한 잔의 차를 마시는데도 예나 도가 있듯이 우리는 예를 알아 도리대로 살아야 한다. 예란 상대방의 의사를 존중하여 사람으로서 행함을 바르게 하는 것이라 한다면 어떤 것이 바른 것인지 정의를 내리기 어렵지만 양심에 부끄럽지 않게 행동하는 것이라고 할 뿐이다. 내 인생관은 부끄럽지 않게 사는 것이다.

어느 선사(禪師)님의 말씀이다. "세상은 하나의 해와 달이 존재하는 세상이 있고, 그것이 천 개가 모여 은하계인 소천세계(小天世界)를 이루고, 다시 천 개가 모여 중천세계, 그리고 다시 천 개

가 모인 우주 전체인 대천세계(大天世界)가 있다."

이런 자그마한 세상에서 살면서 '나는 과연 부끄러운 삶을 살지 않았나…' 반성하면서 '좀 더 잘할 걸…'하는 안타까움도 있지만 그래도 부끄럽지 않게 산 것 같은 기분이 든다.

잘 하겠다 하고도 말로만 하는 잘함은 못함보다 더 못함이 되고 친(親)이든 반(反)이든 그 흔해빠진 친일·반일이나 친공·반공하다가 정치정책에도 친·반의 연대가 생겨났다. 이런 움직임은 잘함이 더 잘함이 되어 점점 잘했으면 하지만 친이 반으로, 반이 친쪽으로 시소게임 하듯 왔다갔다 유리한 쪽으로 옮겨 가려고 우왕좌왕하는 무모한 도전을 서슴지 않는다.

그런 무리들 때문에 발전이라는 것이 있는지 무모한 도전인 줄 알면서 실패하고도 그래도 성원에 보답하겠다며 혼자만의 생각인 자가당착(自家撞着)에 빠져있다. 같은 사람이 말을 해도 앞뒤가 서로가 부딪쳐 맞지 않아 부합되지 않는 모순(矛盾)된 정쟁을 주고받았으면서도 허와 실의 가늠질도 못하면서 생떼 같은 억지로 언제 그랬느냐는 듯이 웃어넘기고 보자는 식이다.

그래도 종고지락(鐘鼓之樂)의 좋은 음률을 듣는 것같이 즐거움만 내세워 웃고 있으니, 음악은 즐거움만 있는 것같이 웃음도 좋게 보이지만 명심할 것은 그 이면에 숨겨진 진실 그것이 궁금할 뿐이다.

좋아 보인다 하는 것은 좋게 보일 뿐이다. 젊어 보인다는 것은

젊은것이 아니다. 어려 보인다는 것은 어리게 보일뿐 어린것이 아니다. 그러니 늙어 보인다고 늙은 것이 아니며 빈(貧)해 보인다 해도 빈한 것이 아니니 노숙(老熟)하게 보여 곱게 늙었으면 하는 바람이다.

며칠 후면 석가탄일이라고 사찰마다 행사 준비가 한창이다. 불자는 아니라도 빈자일등(貧者一燈)이라고 가난한 사람이 다는 하나의 초라한 등이라도 정성이면 감천이라 했다.

하나의 등이라도 달고 소원을 빌자는 아내의 뜻을 꺾을 수 없어 따르기로 했다. 사람의 앞일은 아무도 모른다.

사람이 늙고 가난해지면 기력도 줄어들고 총명함이 줄어든다고 한다. 빈자라고 할 수는 없어도 넉넉지 못한 처지에 신자도 아닌 사람이 등 하나를 달고 즐거워하는 아내의 수척(瘦瘠)한 모습에서 그래도 환한 미소가 피어나니 신기하다는 생각에 무슨 소원을 빌었기에 그런지 궁금했다.

인빈지단(人貧智短) 마수모장(馬瘦毛長), 사람은 빈해지면 총명함이 줄어들고, 말이 늙어서 여위면 터럭만 길어진다는 말이 맞는 것 같다.

하루 세 끼 밥을 먹고 다도(茶道)를 논할 줄 몰라도 자판기 버튼만 누르면 언제나 차도 마시고 사는 세상에서 빈부(貧富)도 문벌(門閥)도 따질 필요도 없이 살지만 인간 앞에 닥칠 재앙(災殃)

은 나만 잘한다고 피해가는 것이 아니다. 아무도 모르는 앙급지어(殃及池魚)라 했다. 성문에 불이 나니 재앙이 연못 속의 고기에까지 미친다는 말이다.

도성은 성곽(城郭)으로 둘러쳐진 큰 담장이다. 도성을 쌓을 때 외성과 내성을 가리켜 읍성이라 했고 성 옆에 못을 만들어 불이 나면 그 물로 불을 끄니 고기들이 까닭 없이 화를 당한다는 말이다. 사람도 예측 못할 재앙이 닥칠 수도 있다는 가르침이다.

등 하나를 남기고 하산하니 춘휘(春暉)라고나 할까. 유난히 따사로운 봄볕의 광채에 눈이 사르르 감기니 일장춘몽 공상 속으로 자꾸 빠져들려고 한다. 잠시 망상(妄想)에 사로 잡혀 헛소리가 마구 튀어나오려 한다. 한잔의 차라도 기품 있고 여유롭게 음미(吟味)하면서 정신을 가다듬어 곱게 늙는 것이 지혜(智慧)로운 것이다.

동(動)보다 정(靜)을

정중동(靜中動)이란 조용함 속에도 움직임이 있다. 미동(微動)의 아주 작은 움직임을 말한다. 가만히 있고 싶어도 흔드니 동요가 일어난다. 남쪽에서 따사로운 바람이 불어와 나뭇가지를 어루만지니 새싹들이 쏙 오른다.

봄이라는 따스함의 움직임이 있으니 조용하던 산천초목이 미동하고 사람의 마음도 덩달아 동요가 일어나는 것은 자연현상이지만 동(動)이 정(靜)을 부추겨 선동(煽動)으로 옮겨 변천해 가는 시대적인 흐름은 자연현상이라기보다 인위적인 심리작용에 의한 것 같다.

정(靜)이라는 순수한 삶은 고요하고 맑은 태초(太初)의 원시(原始) 자연 그대로는 아니라도 인위적으로 손상시키지 않은 상태의 조용함 속에서 살고 싶은 것이다. 하지만 무한(無限)의 욕심을 지닌 만물의 영장들은 일시적인 편리함만을 추구하다 보니 자연을 파괴시키는 것으로는 성이 차지 않는지 삶의 질서마저 마구 뒤흔들어 혼탁하게 만들고 말았다.

선거 후유증은 이번에도 자연현상이 아니라 인위적인 사건에 전국이 시끄러우니 매번(每番) 일어나는 일이고 매번 당하다 보니 새로울 것이 없지만 그 정도(程度)가 고도화되고 지능화되어 가지만 놀랄 만한 일도 아니고, 내가 알 바가 아니라고 수수방관(袖手傍觀)하는 것 같아 그것이 걱정이다.

사람의 마음이란 한 관념에 의하여 관계되는 다른 관념을 생각하게 된다는 연상(聯想)이라는 현상이랄까. 부당한 사건이 연이어 일어나도 폄훼(貶毁)하지 않으니 마음은 그렇게 착한 것인가, 아니면 악랄하여 모르는 척하는 것인가. 무어라 설명할 수 없이 잇따라 일어나는 생각의 배반(背反)인지 내 마음의 움직임도 동(動)인지 정(靜)인지 나 자신의 마음도 알 길이 없다.

공천(公薦)은 공정한가. 비례대표는 어떠한 절차에 의하여 뽑혀지는가. 의문투성이라 파동(波動)이 일어나는 것 같다.

금품 살포, 후원금인지 기부금인지 알 수 없는 아리송한 말들이 난무하니 무엇이 무엇인지 알 수가 없듯이 대가성 없이 그냥 잘하라고 준 것이라면 그 아까운 돈을 수억도 아니고 수십억을 왜 냈을까. 참으로 고마운 독지가(篤志家)들도 많으니 우리 정치는 그래도 잘될 것도 같다.

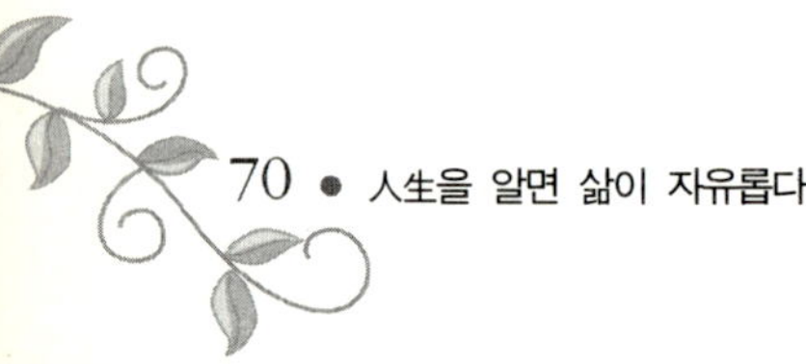

황금(黃金)은 누구나 좋아한다. 그런데 "황금을 돌같이 하라"는 격언을 실천하려고 금배지를 달고 금같이 변하지 않는 참신한 정치를 하려는 사람이 늘어나고 있다면 과연 황금으로 만든 금배지의 값어치는 얼마나 될까.

50만 원 아니면 100만 원 정도의 금을 가지고 가공할 수 있는 것이라면 누구나 달 수 있지만 국민의 지지를 받은 소수의 선택된 사람만이 옷깃에 달 수 있는 훈장과 같으니 돈으로는 환산하기가 어려운 아주 값진 것이다. 그러니 무리해서라도 달아 보려고 욕심을 부리는 무리가 있으니 금배지 값이 부르는 것이 값인지 비례대표(比例代表)가 되어 그것을 달아보려고 수십억의 후원금이라는 돈으로 사려고 한다. 국민의 대표만이 달 수 있는 배지를 인물 중심이 아닌 돈의 많고 적음에 비례하는 비례대표의 배지로 변한 것인가.

금은 구하기 위해서는 목숨을 담보 삼아 땅굴 속에서 열심히 일하는 대가만큼이나 귀한 금배지이지만 옷깃에 달기도 전에 학력이나 경력도 위장하고 부당하게 주가를 조작하여 모은 돈을 마구 뿌려 쉽게 얻으려다 비리(非理)가 들통이 난다. 그러면 꼴사나운 추태를 덮어보려고 "오고간 정치자금은 후원금이지 공천과는 관련이 없고 대가성도 없는 빌려준 돈일뿐이다"라고 발뺌질한다. 그런데 그렇게 문제가 불거지면 정치적 탄압이라며 적반하장으로 도둑이 오히려 큰소리치던 시대는 갔다. 아무리 발뺌질하려고 해도 한 번 수렁에 빠진 발목은 더럽혀진 후이다. 빨리 씻는 것이 건강에 좋다.

금은 도둑질할 수 있어도 금배지를 훔쳐 달려고 하는 것은 결국은 나라를 위태롭게 만들 수 있으니 금보다 먼저 국민의 마음인 민심을 훔쳐야 할 것이다. 일부 혼탁한 점만 꼬집어 '정치판이 난장판이다'라고 하는 것은 잘못된 표현일 수 있다. 하지만 원래 그런 것이 정치판이라는 고정관념을 가진 자들이 과거와 같은 줄로 착각하고 시대에 뒤진 금배지 장사님들이 존재하고 있으니, 그들의 어리석은 생각이 정치판을 계속 흐리게 한다는 진리는 스스로 터득하여 변해야 한다.

진리는 좋은 책을 읽고도 배울 수 있다. 세계 인류에게 희망과 행복을 가져다주는 것은 책이라 했다. 금배지를 원한다면 속임수로 돈을 모으려고 하지 말고 내 고장 내 이웃이 무엇을 바라는지 그것부터 생각하자. 속이려 하지 말자. 투명하게 학력도 속이지 말고 모르는 것이 있으면 한 권의 책이라도 더 읽어보고 바른 앎을 깨우쳐 실력을 기르자. 그러면 국민을 대표할 수 있는 당당한 사람이 될 것이다.

짧은 두레박 끈으로는 깊은 우물의 물을 길을 수 없다. 바른 길로 정당하게 얻어야 할 금배지를 쉽게 차지하는 데 급급하여 오직 금이라는 한 가지 일에만 정신을 쏟다보면 옹졸하고 궁핍하게 되어 꼴사나운 추태(醜態)를 보이게 되는 것이다.

짧은 지식과 모자라는 능력으로는 아무리 재산이 많아도 마음은 빈자(貧者)이다. 앎의 궁핍함을 돈으로 대신할 수 없다. 지식은 많이 배우는 것이 아니다. 바른 것을 배워서 그것으로 모자라는 것을 채우는 것이다. 다 채우면 넘쳐흐르며 다른 곳으로 옮겨가 또 다시 채운 다음 다른 곳으로 옮겨가는 것이다. 차면 넘치지만 다 차지도 않았는데 새로운 곳을 채우려고 하지 말자.

절장보단(截長補短)이라는 말이 있다. 긴 것을 잘라 짧은 것을 보충한다는 말이다. 장점이나 넉넉함으로 단점인 부족함을 보충해야 한다. 많이 가지면 부(富)하고, 적게 가지면 빈(貧)하고, 가진 것이 없으면 궁(窮)하다.

안다는 것도 같은 앎이 아니다. 지(知)는 알고 깨우치고 느껴서 기억하는 것이지만 지(智)는 슬기로운 지혜이다. 꾀나 모략이라는 앎으로 인한 통달을 뜻하듯이 달(達)하지도 못하면서 금배지를 탐(貪)하지 말자. 금배지는 국민을 대표하는 중책을 맞은 사람에게 수여하는 국민이 주는 훈장이다. 국가 중책을 맡은 사람이 자신의 학문이나 능력을 낮춰 겸손하게 일을 처리하면 국민의 추앙을 받게 된다는 것도 책 속에 나오는 말이다. 이런 진리가 책 속 곳곳에 있으니 국회 도서관에 있는 그 많은 양서들을 바쁘다 핑계하지 말고 읽어보면 어떨까.

책을 보면 졸음이 온다고요. 더 배울 것이 없다고요. 할 일이 산더미 같이 쌓였는데 책 읽을 시간이 없다고요. 국민을 위해 여기저기 뛰어다니다 보니 이제는 조금만 움직여도 숨이 가쁘고 입안에 모래가 찬 것 같다고요. 그러면 쉬세요. 무리하지 마세요.

국민을 위하다 생긴 것이라면 아쉬워도 할 수 없이 쉬셔야 하지만 국민을 속이고 자신의 영달을 위하다 일어난 일이라면 아무리 힘들어 해도 국민들은 외면할 뿐이지요. 날뛴다는 '동(動)'보다 차분하다라는 '정(靜)'을 알았으면 그렇게 조용히 지내면 되지 않을까요.

식록(食祿)

식록은 녹봉(祿俸)을 받는 것으로 지금은 월급, 급료, 임금이라고 하며 노력의 대가로 받는 돈이다. '녹(祿)'은 행복이라는 뜻으로도 쓰이는 글자로 행복하다는 것의 첫 번째가 먹고사는 데 지장이 없어야 한다. 먹는 것이 삶의 최소한의 기본인 생명선이다.

과거 우리는 '농자천하지대본'이라는 농경주의에서 시작하여 농사를 지어 얻어지는 대가를 식록이라 하여 나와 가족을 먹여 살리고 남아돌지 않아도 이웃을 도와주며 살았다. 하지만 점차 인구는 늘어나고 한정된 농토를 가지고는 먹고 살 길이 어려워지는 포화상태가 되어 가고 있다.

이제 지구는 만원이고 땅은 한정된 공간이다. 늘어나는 인구가 한정된 공간에서 살아가려니 경쟁이라는 다툼이 일어나게 되고 삶의 기본인 식록이 우선되니 세계 곡물시장이 술렁이는 것은 자명한 이치이다. 과거 우리는 봄에 씨를 뿌리고 여름에 가꾸어 가

을걷이가 끝나면 하늘이 복을 주신 것으로 알고 집집마다 감사하는 마음으로 떡을 빚어서 지신(地神)과 하늘의 신에게 감사드렸다. 그렇게 한 해의 풍년을 기리며 추수감사제를 올리고 이웃 사람들과 골고루 나누어 먹던 미풍양속이 있었지만 이제는 일부 마을에서만 이루어지는 민속행사에서나 볼 수 있는 아주 오래된 풍속도일 뿐이다.

세계화 물결 속에 중공업의 발달로 부가 어느 정도 축척되고 영농기술의 발달과 녹색혁명의 결실로 먹을거리가 넘치니 그 귀하던 쌀이 냉대 받는다고 어느 왕 때부터는 쌀농사를 짓지 않고 농토를 묵히면 보상해주는 제도가 생겨나 그 귀한 문전옥답이 잡초가 무성한 늪으로 변한 것을 보고 이맛살을 찌푸린 경험도 해보며 살았다.

생산비에도 못 미치는 쌀농사, 지으면 지을수록 적자를 본다고 논농사를 포기시키고 생계비를 보상해 주는 것이 오히려 경제적이라는 논리 앞에 어리둥절할 수밖에 없었다. '우리는 논농사를 천직으로 알고 살았는데…'하며 한탄도 해보았지만 그것이 바른 정치라 하니 영문도 모르고 따를 수밖에 없었던 그리 멀지도 않은 과거의 일이다.

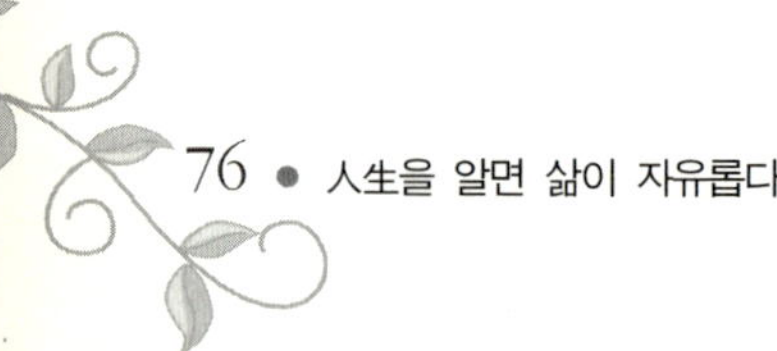

우리 부모님들은 한 치의 땅도 한 알의 알곡도 헛되게 하지 않았고, 농토가 없어 좁은 논둑 사이에도 콩을 심어 한 알의 알곡이라도 더 거두려고 안간힘을 다하는 것을 보고 자랐다. 그런데 문전옥답이 묵어 잡초가 무성한 것을 바라보니 서글퍼지기도 했다.

중공업 육성으로 수출이 늘고 과학기술의 발달로 전자제품이 날개 돋치듯 잘 팔려 외화가 조금 쌓였다고 값싼 농산물을 마구잡이로 사들였다. 우리 농산물이 남아도는 것이 아니라 값싼 것에 밀리어 소외되니 갑자기 부한 것으로 착각한 듯하다. 경제원리라는 이론으로 농사를 짓지 않는 것이 국가적으로 이익이 된다며 보상금을 지급하는 기막히고 터무니없는 경제논리이다.

세상에! 이 아까운 농토를 방치하는 것도 이해할 수 없거늘 보상해주는 것이 경제논리인지 정치적 논리인지 애매모호(曖昧模糊)한 이론에 이런 기발한 발상이 부강국가를 만들려는 초석의 다짐인지 망국의 징조인지 가늠하기 어려웠다.

일하지 않고도 살 수 있는 길이 있다면 그보다 좋은 일은 없지만 지금 당장은 적자를 보더라도 생산하여 남아서 버린다고 해도 농토나 노동력을 효율적으로 사용해야 한다. 그런데 오히려 돈으로 노동력을 상실하게 한다면 버려진 땅은 폐허가 되고 농사기술은 퇴보될 수도 있으니 이런 모순된 원칙은 이해하기 어렵다.

식량만은 자급자족해야 한다. 우리의 생명선은 쌀이다. 쌀이 없으면 생명을 유지하기 어렵다. 자동차나 전자제품, 그리고 화려한 외제 패스트푸드 식품은 없으면 불편할 뿐이다. 그것은 생명선이라기보다 삶을 윤택하게 하는 것이지 주 생명선이라 할 수 없으니 쌀농사는 어떠한 일이 있어도 포기해선 안 된다.

천대받는 쌀이 언젠가는 품귀현상이 일어날 수도 있다. 밀가루 값이 천정부지로 뛰고 있는데 자장면 값이 백 원만 올라도 아우성을 친다. 아무리 값이 싼 쇠고기가 우르르 몰려든다 해도 밥을 대신할 수 없다.

해방둥이 이전의 고루한 생각을 가졌다고 비웃는 기성세대들은 어려서 배고픔을 겪으며 국가발전과 경제발전에 희생(犧牲)양이 되어 지금의 부를 이룩했다. 그들은 굶주림의 공포를 체험했기에 곡물의 소중함을 알고 있다.

하루가 다르게 세계 곡물시장이 폭등하고 있으니 지구촌이 흔들리고 있다. 쌀값도 덩달아 오르니 우리의 쌀농사가 더욱 소중하다는 것과 한 알의 곡물도 소홀히 할 수 없다는 것을 안다. 이런 비싼 곡물을 수입하여 사료를 만들어 쇠고기를 생산하니 외국 축산업자와는 경쟁에서 뒤진다.

쇠고기 1kg을 생산하려면 무려 7~8kg의 곡물사료가 필요하다 하니 값싼 쇠고기가 들어온다고 좋아하지 말자. 값싸고 맛있다고 많이 먹으면 중독되어 우리의 입맛을 확 바꾸어 놓을 수도 있고, 수입품이 값싸다고 우리의 축산업을 포기하면 머지않아 수입 쇠고기가 우리의 한우보다 비쌀 수밖에 없다. 외국 쌀이 질 좋고 반

값이라고 우리의 쌀농사를 포기하면 그 역시 우리의 쌀보다 더 비싼 가격으로 수입할 날이 올 것이다.

"한 알의 속(粟)에 세계(世界)가 들어있고, 반 되들이 당(鐺) 안에서 산천이 끓는다."라는 말이 있다. 속(粟)은 좁쌀이지만 오곡을 통칭하는 말로 벼를 찧지 아니한 곡식(穀食)을 말한다. 당(鐺)은 쇠사슬이지만 솥을 말한다.

한 알의 작은 곡식이나 이것을 끓여먹는 그릇 하나에도 세상의 이치가 담겨있다는 말이 생각나 적어보았지만 어원은 찾을 길이 없어 아쉬우나 한 알의 쌀이라도 귀하게 여겨야 한다.

과거 우리의 암울한 역사를 기억한다. 침략전쟁 때의 공출이라는 미명 아래 우리의 자존심을 상실시킨 그 원한을 꼭 갚자는 것은 아니지만 꼭 기억해서 새로운 도약으로 정치적 · 경제적 부국강국을 만들어야 한다.

이런 억지 같은 말을 원칙인 것처럼 적어가고 있지만 다같이 공감할 수 없는 고루(固陋)한 논리라 한다면 할 말이 없다. 주식인 쌀농사는 지금은 남아돌아 버릴지라도 생산을 중단하거나 축소한다면 그때부터는 점차 생산에 차질이 생겨 쌀로 인해 비싼 대가를 치르게 되어 결국은 곡물전쟁의 희생양이 되어 제기하기 어렵게 될지도 모른다.

남의 것이 판을 치면 우리 것은 점점 빛을 잃게 되는 것이다. 소

잃고 외양간 고친다는 우리 속담을 기억하자. 다 잃고 후회하지 말고 우리는 하나라는 단일화 정책으로 우리 것을 지키자. 다중정책이 다 잘살고 다 편할 것이라고 생각한다면 잘못된 생각이다.

다중(멀티)은 기본 이외의 것을 모색(摸索)하는 것이다. 기본은 빼고 다양(多樣)한 분야로 생각을 해보자. 글로벌은 둥근 원이다. 세계화는 우리 생활을 편리하게도 하지만 힘들게도 한다. 달러와 엔화, 그리고 유로화 수급 사정이 점점 어려워지는 것을 걱정하는 경제 전문가들의 견해도 가지가지로 기분대로 이랬다저랬다 한다. 책임과 소신을 다하여 결정해야 함에도 불구하고 국제적 흐름 탓으로 둥글게 얼버무린다. '두루뭉술'이라는 우리말은 아무렇게 사는 것이 아니라 시대에 맞게 눈치도 보며 내 것을 챙기고 난 다음 어울려 살라는 것이지, 너와 나를 구분하지 말라는 말이 아니다.

쌀이 남아돈다고 농사일을 포기하는 것은 자멸의 길이다. 남아도는 것은 없다. 쌀이 남아도는 것이 아니라 값비싼 쌀을 가지고 가축사료로 쓰기가 아깝고 수지타산이 맞지 않기 때문이다. 우리는 많은 농산물을 비롯하여 원자재를 수입에 의존하고 산다. 이가 없으면 잇몸으로 버티고 살면서 중농정책을 강조한 우리들이다.

쌀이 없어 푸슬푸슬한 월남 땅에서 들여온 구호미를 안남미라 하여 그것도 감지덕지하며 먹고도 살았다. 쌀이 귀해 소비를 줄이려고 혼식을 장려하던 과거를 잊어서는 안 된다. 양은도시락에 싸

온 까만 보리밥이 부끄러워서 밥 먹는 것을 쑥스럽게 생각하던 철없던 어린시절이 있었다.

주식이 쌀이었지만 그것이 너무 귀해서 잡곡밥을 주로 먹었지만 자녀들의 도시락만큼은 쌀밥으로만 싸주시던 어머니의 심정도 모르고 혼식을 장려하다보니 학교에서 도시락검사까지 하게 된 그때를 기억들 하시나요.

자급자족이라는 말은 생의 기반인 먹는 것만이라도 해결하자 하여 산간 비탈진 곳을 계단식으로 개간(開墾)하여 한 톨의 알곡이라도 더 거두려던 그때가 그다지 먼 옛날이 아니다. 영농기술도 낙후된 과거에 화학비료가 없어 풀을 베어 퇴비를 만들고 기계화 대신 사람 손으로만 농사를 지었다. 이제는 고도의 기계화와 영농기술의 과학화로 대량생산을 할 수 있지만 자급자족하게 되어 남아도는 것이 아니라 값싼 외국 농산물 때문에 우리의 질 좋은 농산물이 경쟁력을 잃은 것이다.

열심히 일해도 적자를 보는 농가에게는 보상해주는 것이 타당한 것이지만 일부러 포기시키면서까지 보상해주는 것은 망국의 지름길로 알고 있는 나는 망상이라는 과거의 뒤떨어진 테두리를 벗어나지 못하는 치매환자인가. 아니면 작게나마 우리의 앞날을 걱정하는 괜한 노파심 때문인가.

걱정해도 아무 소용없는 잔소리지만 농촌도 도시도 아닌 곳에서 살면서 결사반대하는 농촌(農村) 서민들의 절규가 안쓰럽다.

이를 지켜보면서도 할 수밖에 없는 FTA 협상이 부담스러워 어쩔 줄 모르는 정부 모습을 보고 듣고 느낀 것을 생각나는 대로 말하려고 해도 뾰족한 대안이 없으니 답답할 뿐이다.

우리의 어린 백성은 놀면서 잘 사는 것도 원하지 않는다. 게으른 백성에게 놀아도 잘 먹고 잘살 수 있게 한다는 정책은 좋은 정치가 아닌 것이다. 좋은 정치는 일한 대가만큼 잘살 수 있는 사회를 보장해주는 것이라고 결론지으려 하니, 아직은 치매에 걸린 것은 아닌지 소의간식(宵衣旰食)이라는 아주 오래전에 배운 것도 생각난다.

"밤에 일어나 옷을 입고 일을 시작해서 해가 진 후에야 식사를 한다"는 내용이다. 이 말은 새벽에 일어나 온종일 일하고 밤늦게 밥을 먹는다는 말로 군주는 정사를 돌보는 데 온 힘을 다한다는 뜻이다.

우리는 원한다. 불철주야(不撤晝夜)로 나라의 안위를 걱정하며 현명한 판단으로 눈앞의 이익보다는 앞날을 걱정하는 뜻있는 지도자를….

몽상(夢想) 속 허상(虛想)

꿈속에서 주지육림(酒池肉林) 속에 파묻혀 미녀를 희롱(戱弄)하며 놀다가 뜻하지 않게 악마가 나타나 도망치려 해도 발걸음이 떨어지지 않아 소스라치게 놀라 깨고 나니 일장춘몽이었다.

'꿈이지만 좋았는데…' 하면서도 호사다마(好事多魔)라고 왜 하필 그때 악마가 나타났단 말인가 하고 아쉬워한다면 그는 과욕을 버리지 못한 사람이다.

"아, 깜작이야!"하고 소스라치게 놀랐지만 "그래도 꿈이니 다행이다…" 한다면 이는 자기 분수를 헤아릴 줄 아는 양심이 살아있는 사람이다.

이런 뒤숭숭한 꿈을 누구나 한두 번은 꾸어본 적이 있을 것이다. 꿈은 마음속에 품었던 것이 정신계통의 뇌를 자극하여 일어나는 두뇌의 활동이라 한다면 나 또한 혼자만의 앎이며 허상을 보고 헛것을 말하는 아둔한 나만의 깨우침일 뿐이니 남이 보면 헛것을 본 정신이상자 같은 생각을 할 수 있다는 것을 알았다.

경국(傾國)이란 나라가 기운다는 말로 나라를 위태롭게 하는 행위를 말한다. 중국 역사에는 경국지색(傾國之色)의 빼어난 미색으로 미인계를 써서 상대방의 나라를 무너지게 한 여걸들이 많이 등장한다.

"한 번 고갯짓 하면 성이 무너지고 두 번 고갯짓 하면 나라가 기운다." 한 무제 때 가수(歌手) 이연년(李延年)의 노래 중에 나오는 가사이다. 미인박명(美人薄命), 미인은 명이 짧다고 하지만 누구나 미인을 원한다. 미인 하면 중국의 양귀비(楊貴妃)를 빼놓을 수 없어 알아보자.

양귀비는 현종의 아들의 아내로 아주 빼어난 아름다움을 지녔다. 그런데 그만 현종이 양귀비에게 눈이 뒤집혀 아들과 억지로 헤어지게 하고 자신의 노리개로 삼았다. 즐거운 놀이에 빠진 현종은 나라의 정사를 신하에게 맡기고 돌보지 않으니 나라살림은 부패하여져 결국은 반란이 일어나고 나라가 망하니 양귀비는 성난 군들에게 죽음을 당하고 만다.

잘생긴 죄로 두 사람을 모시며 노리개가 되어 37세의 젊은 나이에 제 명대로 살지 못하고 죽음을 당하게 되니 미모 때문에 죽은 것인지 운명 때문인지 모를 일이다. 박복한 것은 사실이고 한때 영화를 누린 것이 장수한 사람들의 평생보다 화려했는지 알 수

없다. 타고난 복이겠지만 못생긴 사람들이 시기하여 위안을 찾으려고 하는 이야기일 수도 있다. 꽃도 예쁠수록 손이 타는 것같이 사람도 예쁘면 사람들의 관심을 갖게 되니 화류계의 노리개로 변할 수 있는 것이 과거 역사 속의 미인이다.

하지만 지금도 미인박명이라도 좋으니 아름다운 꽃처럼 많은 사람들이 관심을 가져주길 바라면서 예뻐지려고 안간힘을 다하는 모습이 안쓰럽다. 하루 열두 번씩 거울을 보고 고쳐도 보지만 맘에 들지 않아 성형수술을 택하기도 하며 미를 재산으로 알고 예뻐지기 위해 투자를 아끼지 않는다.

옛 역사 속에는 많은 제왕들이 미녀에 빠져 나라를 잃을 정도로 아둔한 임금이 있었지만 지금은 권력을 연장하고 부를 탐하다 곤욕을 치르는 사례가 늘어나고 있다.

자본주의란 돈의 힘으로 무엇이든 얻을 수 있다고 믿는지 정치를 하든, 기업을 경영하든 모든 분야에서 부를 탐하다가 나라를 위태롭게도 하고 공들여 이룩한 기업마저 위태롭게 하는 사례가 일어나고 있다.

역사 속에 나오는 이야기가 아니라 우리의 현실이 이와 같이 닮아가는 것이 아닌가 걱정도 해보지만 그래도 경국지색의 '색(色)'이라는 추문의 스캔들로 어지럽지 않은 것이 다행이다.

가인(佳人)은 아름다운 사람이다. 아름다운 것도 구분이 있다.

외모(外貌)가 아름다운 것과 내적인 마음씨가 고운 것으로 구분할 수 있다. 다같이 아름답고 곱다면 더할 나위 없지만 완벽(完璧)이란 있을 수 없는 것이니, 그래도 미운 짓을 해도 애교로 봐줄 수 있는 아미새라는 미운 새도 있지만 지나친 미움을 사서는 안 된다.

'아미새'는 아름답고 미운 새의 준말로 유행가 제목이다.

아미새 당신, 남자의 애간장만 태우는 여자,
안 보면 보고 싶고 보면 미워라~

애간장을 녹이다 못해 아예 태워버릴 것처럼 끈질기게 반대하던 FTA 같은 미운 새는 혹시나 하며 그렇게 애간장을 태우다가 애를 끊어버린 아미새인지, 말로는 표현하기 어려운 '애'를 어떻게 설명할지 애가 탈 뿐이다.

애는 창자다. 창자가 끊어지는 것같이 아파하는 농민의 마음을 애간장을 녹인다는 표현으로밖에 대신할 수 없다. 간장(肝腸)과 간장(肝臟)의 차이같이 간과 창자나 간과 오장은 뱃속 위(胃)와 연결된 소화선에 담즙을 분비하며 양분의 저장과 요소(尿素)의 생성 및 해독(解毒)작용을 하는 기관이다. 이처럼 이름은 같지만 기능은 다르듯 찬반(贊反)으로 뒤숭숭한 정국을 해소할 방법은 없는가.

FTA는 결국 빗장이 풀리고 만 것 같다. 아무리 단단히 걸어

잠갔지만 워낙 거세게 밀어붙이니 무너지기 마련이고, 무너진 틈으로 값싼 쇠고기가 마구 밀려드니 적은 돈으로도 많이 먹을 수 있어 좋다고 하는 사람들도 있다.

우리나라는 쇠고기 값이 너무 비싸서 먹고 싶어도 마음대로 먹을 수 없는 것이 사실이다. 이제는 마음 놓고 먹어보자 한다면 먹는 사람은 좋지만 가난한 서민은 아무리 싸도 화중지병(畵中之餅)으로 그림의 떡일 뿐이며, 축산 농가는 울상이 아니라 아예 초상집 같은 분위기일 것 같다.

그러나 아무리 한우가 비싸더라도 돈 있는 미식가들은 가격을 따지지 않고 한우를 찾을 수도 있다. 우리는 한 나라 한 민족이지만 웃기도 하고 울기도 하는 사람들이 한 척의 배를 탄다는 오월동주(吳越同舟)일 뿐이니 서로 협조하여 강을 무사히 건너길 빌 뿐이다.

우루과이 라운드로 우르르 곡물이 밀려들고 값싼 쇠고기까지 마구 들어오면 혹시 광우병 병균에 오염되었을지 모르고, 유전자가 변형된 농산물들이 값싸다고 해서 마구잡이로 먹지 않아야 하는데 할 수 없이 먹을 수밖에 없는 형편이다.

요즘 GMO라는 단어가 생겨나 시끄럽다. 유전자(遺傳子) 변형식품이라는 말이다. 인체에 위험성이 있는 농산물이 대량으로 수입되고 있지만 속수무책(束手無策)인 것 같다.

식량위기를 극복하려면 할 수 없는 조치이지만 우리의 식생활을 변화시켜 극복해야 하는데 부유층이 늘어만 가니 식생활에도 막대한 영양을 미치게 되었다.

급격히 늘어나는 육류(肉類) 수요를 해결하기 위해 곡물사료가 많이 필요한데 기후온난화와 사막화 현상으로 농토는 점차 줄어들고 이상기온으로 인해 가뭄과 홍수로 곡물생산이 줄어들었다. 그러니 유전자를 변형시켜서라도 많은 곡물을 생산해야 하니 찬반 논란이 끊이지 않는다.

찬반의 대립과 논박(論駁)만 있을 뿐 이에 합당한 연구가 미흡(未洽)하다 보니 검증되지 않은 농산물로 가공된 식품인 줄 알면서도 먹어야 할지 말아야 할지 고민이다.

우리 농사(農事)의 기원은 1만 년 전으로 거슬러 올라간다. 처음 원시(原始)농업 자연 그대로의 식물이나 금수(禽獸)를 재배하고 길들여 품종을 개량하고 번성시켜 인위적으로 혹은 진화해오면서 오늘에 이른 것을 지금은 좀더 앞선 기술로 유전자를 조작하고 변형해서라도 대량의 생산을 꾀하려 한다. 하지만 확실한 검증을 거친 연구개발이 뒤따르지 못해 아쉬움이 있을 뿐이지만 대량생산이 시급하다는 것은 누구나 공감하는 현실이다.

싼 것이 비지떡이라는 우리 속담을 미루어 보더라도 유전자 변형으로 얻어진 식품이 좋을 리가 없을 것 같다. 그러니 적은 대로 적게 먹어야 한다. 우리 쌀로 지은 밥에 우리 쇠고기 국을 끓어 조금씩 알맞게 먹고 살자.

검증되지 않은 수입품이 판을 쳐도 우리는 우리 것이 아무리 비싸도 우리 것을 원하다. 그러니 속이지 말고 우리 것이라고 떳떳이 내놓는 양심부터 기르자. 쇠고기뿐 아니라 모든 농・상・공산품의 선택은 소비자 몫이다.

소비자를 속이려는 무리들은 없어져야 한다. 위장하여 둔갑시키는 행위는 이제 그만 하자. 아무리 비싸도 우리 것을 조금씩 먹고 오래 사용하는 것이 애국이다.

정부의 정책을 담당하는 공무원들이 단속하기 위한 단속만 하지 말고 신경을 좀 써주었으면 한다. 질 좋은 상품을 시장에 내놓으면 선전을 안 해도 좋은 호응을 받기 마련이다.

하자(瑕疵)가 있으면 아무리 선전을 해도 한 번 속지 두 번은 속지 않는 법이다. 신통치 않으면 더 이상 사용하지 않는 것 또한 소비자의 안목이다. 가짜가 판을 쳐도 가짜는 한 번 사용할 수밖에 없는 1회용일 뿐이다. 그 진짜가 그리워도 진가를 모르니 진짜를 구하기 어려운 세상에 아까운 시간만 허비하지 말고 나만 옳다고 남을 비평만 하지 말고 상대의 입장을 생각하여 그들을 이해하려고 노력해보자.

친(親)이든 반(反)이든, 주류(主流)든 비주류(非主流)든 그들대로 할 말이 있는 것 같다. 진짜고 가짜고 바른 것이 없는 것 같은 세상에서 속았다, 또 속았다 하지만 이제는 두 번 다시 속지 말고 한 번으로 족한 삶을 살자.

정도(正道)가 아니면 가지 말자. 내가 가는 길은 정도이고 남이 가는 길은 바른 길이 아니라는 편견(偏見)을 이제는 바꿀 때이다. 우리는 열강의 틈바구니에서 혼자만의 생각으로 양반놀이만 하며 다들 내 마음 같은 줄 알고 상대에게 속고 또 속으며 살아왔다.

"이제 우리나라 대한민국을 사랑합니다. 다들 잘 사는 새로운 나라를 만들어 일류국가를 만듭시다"라는 말은 구호로만 하지 말자.

적과 적으로 분열되어 철부지 아이들이나 하는 패 가르기를 하여 기어코 꼬마 적장(敵將)이 되어서라도 내 뜻을 이루겠다는 어리석은 과오를 범하며 역사에 오점을 남기지 말고 동등한 입장에서 비도 정도 없고, 반이다 친이다 하는 패 가르기는 그만하자.

남과 북이 갈리고 동서로 갈리는 사상이나 정치 정당들도 패 가르기를 하면서 불리하면 해쳤다 모이고 동승도 하고 합승도 서슴지 않고 동맹하는 것도 보았고, 다시 패배하면 배신하는 것도 많이 보고 살았다.

그런데도 정신 못 차리고 배신을 지속하는 무리들이 동지 되기를 서슴지 않으면서도 불리하면 다시 배신하고 당하기도 하며 오로지 1등만을 차지하려고 한다. 그러다 떨어지면 능력이 없는 것도 모르고 옹색한 변명만 늘어놓으면서 승복할 줄 모르면 그는 2등밖에 못 되는 인물이다.

그러나 이번에 2등을 했지만 다음에는 좀 더 노력해서 1등의 자질을 갖춘다면 그는 1등이 될 수 있는 인물이다. 겉으로 웃고

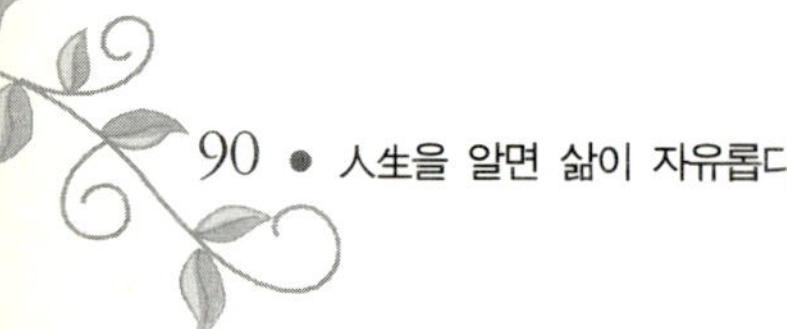

속은 울고 있을지라도 우선 1등을 한 사람에게는 진심으로 축하를 해주며 격려해 주어야 한다.

패배(敗北) 없이 승리만은 있을 수 없다. 승복할 줄도 아는 등외는 한 단계씩 오를 가능성이 있는 것이다. 급하다고 뛰어봤자 지치기 마련이다. 도달하기 전에 지치면 지금까지 뛴 것이 다 허사가 되고 만다.

와신상담(臥薪嘗膽)이라는 말이 여기에 적합한 말은 아니지만 잠시 그 뜻을 새겨보자. 춘추시대 월(越)나라의 구천(句踐)이 섶에 누워 자고 쓸개를 맛보면서 오나라 부차(夫差)에게 당한 치욕을 복수하려는 집념을 단적으로 표현한 고사성어다.

우리 속담에 '급할수록 쉬어간다'고 했다. 말로는 쉽지만 행하기는 좀처럼 어렵다. 그래도 자신 먼저 바르게 정도의 길을 걸으며 바른 삶을 살면 진실인 실상(實像)이 보일 것 같으니 희망을 기대하자.

성형수술(成形手術)

성형은 그릇의 본 형체를 만든다는 말이다. 의학용어로는 떨어져 나가거나 상처를 입어 미관상 보기가 흉한 신체의 일부분을 보기 좋게 하기 위하여 외과적으로 교정・복원하여 회복시켜 주기 위한 수술(手術)을 말한다. 특히 얼굴이나 신체의 노출부분에 손상이 생기거나 치아가 잘못 나왔거나 충치로 제거될 때 보철(補綴)하거나 교정(矯正)하는 것을 치아(齒牙)성형이라 한다. 이런 잘못된 것은 바로 잡아 주어야 한다.

그러나 멀쩡한 코가 맘에 안 든다고 잘 보이려고 콧대를 높이기도 하고 가슴이 빈약하다고 실리콘을 주입하여 크게 만들고, 멀쩡한 이를 뽑고 살짝 웃을 때 반짝여서 예뻐 보일 수도 있다고 백금으로 감싸기도 한단다.

오뚝한 콧대나 풍만한 가슴 그것이 미관상으로는 보기 좋을지 모르지만 과연 제구실을 다할지 심히 우려된다. 손상된 부분을 정상으로 되돌리려는 수술보다 맘에 들게 뜯어고쳐 잘 보이려는 이런 성형수술이 각광을 받다보니 성형외과는 초만원이라고 한다. 성형은 원형으로 돌리려는 작업이다. 원형이 잘못된 것이라면 고쳐야 하지만 한번 잘못 고쳐 놓으면 원형으로 돌릴 수가 없다면 생각해 볼 일이다.

우리나라는 삼면이 바다로 둘러싸여 있고 내륙은 좁고 길지만 화려한 금수강산이라 자랑하고 살았다. 그러한 강산에 대운하(大運河)라는 뱃길을 만든다고 아우성이다. 땅을 파헤쳐 굽이굽이 감돌아 흐르는 물길을 바르고 깊게 흐르도록 대수술을 하여 새로운 뱃길을 만들어 유람선도 띄우고 바지선에 많은 생필품도 실어 나르게 되면 경제적으로 많은 도움을 준다고 강행하는 쪽과 이를 저지하려는 환경단체들의 적잖은 마찰로 쓸데없는 국력을 소비하고 있다.

모든 일에는 득실(得失)이 있기 마련이지만 어느 쪽이 옳은지 따져보기 전에 손상된 것을 수선하는 것이라면 고려해 볼 가치도 없이 보수해야 하지만 원형을 파헤쳐 새로운 것을 만들 때는 일시적인 경제적 이익만을 생각하지 말고 신중을 기해야 한다.

한강이나 낙동강은 우리나라 3대 강에 속하는 자원(資源)의 보고(寶庫)이다. 우리는 건설산업 육성으로 많은 골재가 필요하지만 모든 강의 골재들은 무분별한 채취로 거의 바닥이 드러날 정도로 고갈 위기에 직면한 것 같다. 앞으로는 골재도 암석을 분쇄해서 사용해야 할 시점에서 우선은 대운하 공사로 많은 골재를 얻을 수 있어 당분간은 경제적으로 많은 이득을 볼 수 있지만 한번 훼손된 천연의 보고인 골재는 더 이상 구할 수 없을지도 모른다는 사실을 잊어서는 안 될 것 같다.

하루 한 알의 황금알을 낳는 것으로는 성이 차지 않아서 한꺼번에 많은 황금알을 얻으려고 거위를 잡는다면 한 알의 황금알만 얻을 뿐 더 얻을 수 없다는 이솝우화 속 이야기도 이해하지 못하는 행위가 될 수도 있다.

주어진 자연 그대로 조금씩 사용하면서 그만큼 채워지면 넘쳐흘러 마르지 않는 옹달샘같이 자연의 섭리대로 우리의 보물창고를 보전해야 할 것 같다.

무리(無理)는 과욕(過慾)을 부리는 데서 오는 것이니 실책으로 이어지기 일쑤이다. 조금 불편한 것은 참을 줄 알아야 한다. 자연을 파괴(破壞)하는 국가의 기간산업은 백년대계가 아니라 천년대계라 하여도 지나친 말이 아니다.

욕심(慾心)은 허물을 잉태(孕胎)하는 것이니 무욕(無慾)인 노자의 도덕경(道德經)에 나오는 상선약수(上善若水)의 구절이 떠오른다.

가장 좋은 것은 물과 같다. 물은 낮은 곳으로 흐르면서 채우고 난 다음에야 넘쳐서 다음 낮은 곳을 다시 채운다. 물은 만물을 이롭게 하면서도 그 공을 다투지 않는 무욕의 바다이다.

이러한 가르침 정도로만 알 뿐 철학이 담긴 깊은 뜻을 설명할 길도 없이 그저 물은 세상에서 으뜸으로 여기는 이유 역시 가늠하지 못한다. 처음 한 방울의 물로 태어나서 욕심 없이 아래로 흐르면서 아무 불평도 다툼도 없이 모이고 모여 채우고 다시 흐르면서 골고루 채우고 나면 넘쳐서 또 채운다. 뭇사람들이 싫어하는 낮은 곳에서도 자신을 낮출 줄 아는 사람을 비유한다면 그것은 도에 가깝다 하는 정도로 이해할 뿐이다.

물처럼 다툼도 없이 채우고 넘치게 하여 유람선을 띄우고 즐기는 것이나 많은 물동량을 처리하는 것도 좋지만 자연 파괴로 일어날 수도 있는 재난과 투자한 만큼의 경제성의 가치를 고려해 볼 일이다. 우리가 살아가면서 물처럼 이롭게 했는가.

'물의 예찬(禮讚)'을 생각해 본다.

마음을 쓸 때는 물처럼 그윽함을 좋게 하고, 사람을 사귈 때는 물처럼 어짊을 좋게 하고, 말할 때는 물처럼 믿음을 좋게 하고, 일할 때는 물처럼 능하게 하고, 움직일 때는 물처럼 때를 좋게 하라. 물은 서로 다투지 않으며 허물이 없다.

앞일은 모르니 현명한 판단으로 강행하지 말았으면 하는 바람

이지 힐난(詰難)하는 비판도 꾸지람도 아니다. 이제는 무슨 일이든 따지고 비평하거나 소란스러운 다툼소리에 지쳤으니 거짓 선전의 자기주장이나 반대하기 위한 반대는 이제 그만하고 새로운 돌파구를 찾아보자.

대운하(大運河)의 공방도 이제는 매듭을 짓자. 대자연을 파괴하는 것은 대재앙이 될 수 있다. 우리 국토는 조상 대대로 이어받은 것이니 우리 역시 그대로 물려주는 것이 순리이다. 오래도록 이어온 우리의 뼈대, 중병이 걸린 것도 아닌데 대수술로 손상시킨다면 "신체발부(身體髮膚) 수지부모(受之父母)"라 배운 우리는 부모에게 물려받은 피부나 털끝 한 오라기라도 손상시키면 불효라 했거늘 멀쩡한 뼈 속까지 파헤치려고 한다면 조상에 대한 모독이 아닐지 심히 걱정된다.

인간의 진정한 가치는 어디에 있는가. 잠시의 행복이라는 것, 그 잠시라는 착각 속에 보이지 않는 과오가 숨겨져 있는 것이다. 새소리가 시끄럽게 들린다고 나무숲을 베어버린다면 다시는 그 새소리를 들을 수 없는 이치와 같으니 후회는 말았으면 한다.

변화는 일시적으로 새로운 감을 줄 수 있지만 지나고 나면 비난과 후회가 따르기도 하는 것을 많이 보면서 살았으니 과히 그릇된 생각이 아니라는 것을 확신한다. 서둘다 과오를 범하지 말고 주어진 대로 가꾸며 많은 검토(檢討)를 한 후에 신중하게 결정하자.

금단(禁斷)

어떤 행위를 못하게 금하는 것을 말한다. 하지 말라고 하면 더 하고 싶은 것이 사람의 심리인지 금지사항을 도덕적 양심에 맡겨 강조해도 이행되지 않으니 강한 법령을 만들어 단속해도 용케도 그 법망을 피해가며 하지 마라는 것을 한다.

이렇게 하지 마라 하는 것은 사회나 국가에 피해를 줄 수 있고 자신의 신상에도 막대한 지장을 끼칠 수 있다는 것을 알면서도 일시적인 향락이나 부당이익을 챙겨 나만 잘살면 된다는 잘못된 생각에서 비롯된 것이지만 결국은 들통이 나서 피치 못할 결과를 일으켜 후회하게 된다.

금단증상(禁斷症狀)은 하던 것을 억지로 하지 않으려니 불안하고 초조해지는 것은 물론이요, 욕구불만이라고나 할까 노여움까지 생기게 되는 것이다. 다시 그것이 그리워지나 억지로 욕망을 잠재우려니 두통뿐 아니라 온몸에 맥이 풀리고 통증이 일어나 집중력이 떨어져 좌불안석(坐不安席) 서성거리게 된다. 결국 소화장해는 물론 심지어는 우울증(憂鬱症)과 불면증 등 정신적 이상이 생길 수도 있다고 한다.

이런 현상을 쉽게 딱 잘라 말할 수 없지만 금기(禁忌)사항은 공적·대중적인 것과 사적·개인적인 것으로써 도덕적으로나 법적으로 금하는 것 외에도 지나친 음주, 흡연, 모르핀, 코카인 따위를 과다(過多)사용으로 만성 중독을 일으켜 개인적 혹은 사회적 문제로 이어질 우려가 발생할 때 이들 행위나 섭취를 끊어 격리하려 할 때 일어나는 현상을 다같이 금단현상이라 한다.

금단은 종교에서도 등장하는 말로 살생을 금한다는 자비정신(慈悲精神)이나 금단의 열매인 에덴동산에 선악의 과일이 등장하는 것으로 보아 역사 이전에도 금단은 과한 것을 경계하라는 훈(訓)이 존재한 것 같다.

인생철학을 논할 실력이 없으면서 말하는 것은 어불성설(語不成說)일 것이다. 하지만 내가 아는 인생은 바르게 살아서 남에게 눈살 찌푸리는 일이 없다면 금할 것이 없으니 바른 양심이 내가 아는 인생철학이라고 자위하고 살았다. 하지만 남들이 무슨 개똥철학 같은 배부른 소리냐고 비웃어도, 사람이 사는 것이 급할 것 없이 욕심 부리지 않고 살아간다고 자신하며 산다.

'취중불언(醉中不言)은 진군자'라 했다지만 취하면 말이 하고

픈데 말하지 말라고 하면 숫기도 없어 할 말 못하고 살아가는 인생인데 언제 할 말 해보고 살겠는가. 맨정신에 못한 말을 술의 힘 빌려 바른말 좀 했다고 술주정이라 해도 할 수 없다. 혼탁한 세상에서 맨정신으로는 살아가기 힘들어 술이라는 그 힘을 빌려 말이라도 하고 살자. 허와 실이 뒤섞여 있으니 과한 건지 빈한 건지 모르니 줄여야 하는지 끊어야 하는 것인지 알지도 못하고 공금이 공돈인지 아무리 먹어도 탈도 안 나는 사람들이 판을 치고 있다.

농사를 짓는 사람만이 취득할 수 있는 농토를 농사의 농자도 모르는 사람이 사더라도 떼돈을 벌 수 있는 세상이며, 국영기업체는 적자를 보면서도 월급을 제일 많이 받는 공기업체 사장님들로 넘쳐난다.

수입 농산물에 원산지 표시를 의무화 했지만 어느 것이 진짜인지 구분할 수도 없으니 차라리 가짜로 사는 것이 마음 편해서 포기한 지 오래이다.

먹을거리 갖고 장난질 좀 치지 말자! 환자를 담보로 의약분업을 했는데 달라진 것이 무엇인가. 공장가동을 멈추고 노사가 대립한다. 수출 물동량은 부두에 쌓여만 가는데 운수산업도 운을 따라야 하는지…. 국민은 봉인가. 우리는 다 같은 국민인데 자기는 국민위에 등장하는 양 설치다가 결국 금단의 덫에 걸리면 참기 어려운 금단현상을 맛보리라.

투명(透明)하게 투명하지 않아도 된다. 너무 검게 살지 말자. 검다 못해 아주 숯검정이 되고 난 다음에 끊어야 살 수 있는 중병에 걸리기 전에 적당히 검으면 그칠 줄도 알아야 한다.

내가 지금 거슬리는 말 좀 했다고 미친 사람 취급하지 말고 여유 좀 가지고 웃어 넘겨보자. 그러면 조금은 마음이 편할 수 있을 것이다. 말 같지 않은 헛소리라고 하기 전에 잠깐 쉬면서 감정을 조절해 보자. 비뚤어진 마음을 조절하기가 쉽지 않지만 자신과의 싸움이라는 마음의 갈등을 이겨야 진정한 승자가 된다.

지금 우울한가요. 그러면 책을 읽어보세요. 한 권의 책으로도 마음의 병을 치료할 수 있습니다. 불안이라는 병은 명의(名醫)도 명약(名藥)도 없는 것, 스스로 이겨야 치료되는 병이라고요. 불안과 싸우지 말고 턴(Turn)하여 많은 것을 얻으려 하는 것을 버리면 됩니다. 턴 하는 것도 시기를 놓치면 백약이 무효라는 것을 알아야 하지요. 말기 환자는 약이 필요 없다고 하더군요. 약은 오히려 독이 될 수 있다고 하니 불치병 환자는 약이 오히려 고통을 준다는 사실도 알아야 하지요.
그러니 시기를 놓치지 말고 돌리세요. 시기를 놓쳤다면 후회해도 소용없는 일이니 그나마 안정을 찾으려면 마음의 용기로 병을 극복하는 것이 통증을 줄여주는 최상의 길이니 과욕을 버리고 조금 모자라게 살면 됩니다.

모자라는 것을 결핍(缺乏)이라 한다. 가난하고 배고픔은 잊을

정도면 된다는 말이 있듯이 결핍은 절대 금단현상이라는 중병의 통증이 없는 것이다.

과하여 치료 불가능하여 시기를 놓치지 말고 지금 턴하세요. 잘못 가는 직진인 줄 알면 시기를 놓치지 말고 유턴하세요. 그러면 조금 늦었지만 후회하지 않아요.

절대금주(絶對禁酒)

금단현상이란 꺼리는 것을 잘라버리려고 할 때 일어나는 부작용을 말한다. 꺼리는 것은 내가 싫어하고 남도 싫어하는 것인데 이것을 버린다면 다들 환영할 것이지만 반대로 내가 싫어하는 것을 남이 고집한다면 어떻게 될까. 그러니 내가 좋아한다고 해서 마냥 즐겨서는 안 된다는 것을 알아야 한다.

고부(姑婦) 간의 갈등(葛藤)이라는 말이 있다. 시어머니와 며느리 사이에 생각이 다르다는 것을 표현한 말이다.

"갓 시집온 새색시가 시어머니 식성을 몰라 음식을 만들어 시누이에게 먼저 맛을 보게 한다"는 말이 있다. 시어머니 입맛을 맞추려고 정성과 조심을 다하는 모습을 표현한 말로 아주 소박한 표현이라 할 수 있다. 남남으로 살다가 한 가족이 된 처지이고 보니 살아온 과정이 달라서 하나 되기가 그리 쉽지만은 않을 것이다. 이런 현상도 옛날이야기지만 지금은 오히려 시어머니가 며느리 눈치를 보는 세상이고 보면 주객이 전도된 것일 뿐 갈등의 골은 지금도 여전히 남아 있는 것 같다.

갈등 해소는 오직 참고 견디어 내는 것밖에 다른 방도가 없는 가족관계에서 거역하면 불상사가 일어나니 참고 이해하려다가 심적 고통인 스트레스를 받게 되고, 이를 해소하기 위하여 약물이나 기호식품 그리고 건전하지 못한 놀이를 찾게 된다.

이런 신체적 · 정신적 스트레스는 남녀 구분할 것 없이 일어나게 되지만 활동적인 사람보다 소극적이고 또한 남에게 피해를 주지 않으려고 하는 착한 사람일수록 심한 것 같다.

끽연(喫煙)이나 음주(飮酒), 마약(痲藥), 도박(賭博) 그리고 가족이나 사회에 패를 끼치는 건전하지 못한 놀이에 중독된 행위를 자의(自意)든 타의(他意)든 강제로 끊으려고 할 때 신체적 · 정신적 거부반응이 일어나 짜증스러워 트집도 잡아보고 싶고 심통도 부리고 싶어지며 좌불안석 헤매게 된다.

나도 과거 금단현상으로 무척 힘들게 고생한 적도 있으며 지금도 금단할 것인가 아닌가 하는 문제 앞에서 고심 중이다. 아주 오래된 일이지만 내 나이 20세 전후로 나도 모르는 사이에 술과 담배에 노예가 되어 있다는 것을 알았지만 아무런 부담도 없이 즐겨했던 그것이 연초(煙草, Tobacco)이다.

가짓과의 1년생 재배식물로 니코틴 성분을 농사용 살충제로 쓰이던 것을 흡연(吸煙) 기호(嗜好)품으로 사용했으니 잠시 환각

작용을 일으킬 뿐 백해무익한 물건이지만 어려서 할아버지들의 장죽을 연상하면 향수가 그립기도 하다.

뱃고동 울리는 갑판 위에서 파이프를 물고 있는 멋진 선장의 모습도 떠올릴 수 있는 담배는 우리의 정서에 맞게 담배이름도 풍년초라 했다. 봉지 담배를 쌈지에 넣고 다니며 담뱃대에 가득 담아 화로 속 불씨에서 불을 붙여 태우시던 할아버지들의 모습이 지금도 선하다. 이런 그리움이라는 것이 작용하는 담배이고 보니 금연(禁煙)을 하기가 어려운지도 모른다.

해방으로 미군들이 양담배를 가지고 들어오고 우리도 궐련이라는 간편하고 보기 좋은 담배를 대량생산하니 노래가사에도 '백양담배 입에 물고 서울로 간다내'라고 하던 시절에 담배의 매력은 대단했다.

'담배 한 대 피워 물고 깊은 생각에 잠겨있다'라든가 '한줄기 길게 내뿜는 담배연기 속에'라는 표현으로 그것에 기갈(飢渴)이 되어 기호적인 효과보다도 미적(美的) 유혹이랄까. 외국영화에 자주 등장하는 멋진 주연들의 품위 있는 담배 연기, 그것 때문에 나의 담배 역사도 미적인 폼을 모방하다가 시작되었다.

초대면 수인사(初對面 修人事)라는 말은 처음 만나 인사를 나눌 때 제일 먼저 담배를 권하고 다음에 술자리로 가는 것이다. 그러한 후덕한 인심은 서로를 이어주는 매개체로 서먹서먹한 분위기를 호전시킬 수 있다. 술과 담배는 우리 생활에 아주 친숙하고

활력을 가져다주기도 하고 건강과 정서를 해치기도 하는 유해물질이지만 예찬론자는 애연가(愛煙家) 애주가(愛酒家)라 하여 그 알싸한 유혹에서 벗어나지 못한다.

내가 한창 일하던 젊은 시절에 인허가 관계로 허가관청을 분주히 찾아다니던 옛날이야기 좀 하자.

민원서류에는 별로 하자가 없지만 담당자가 트집을 잡는다. 이유 없는 거부반응이 일어나는지 서류는 검도해 보지도 않고 트집 잡을 만한 곳을 찾는다. 첨부서류에 서명날인까지 10여 쪽도 넘는 서식을 첫 쪽에서부터 미미한 결함을 가지고 즉석에서 고쳐도 되고 그냥 넘어가도 하자가 없는 것을 다시 고쳐오라고 한다.

"이것만 고치면 됩니까?"하고 물으면 알아서 해오라고 모른 척하니 할 수 없이 하루를 허비한다. 다음날 다시 접수해도 마찬가지다. 또 트집 잡을 곳이 생겨 날짜만 끌다가 더 이상 트집 잡을 곳이 없으면 오늘은 급히 출장을 가야 한다며 자리를 피하는 수모도 당해본 적이 있다. 왜 이런 현상이 일어날까. 아무리 작은 인허가지만 관공서 허가사항은 통과의례와 같은 급행료를 지급하는 것이 관행이니 그것이 빠졌기 때문에 괘씸죄가 성립된 것이다.

급행료라는 기름칠을 해야 잘 돌아간다는 말이 있듯이 돈을 먹여야 일을 한다는 수전노(守錢奴)들의 습성 때문에 봉투 없이는 아무것도 할 수가 없었다. 이럴 때 매개체가 담배이다. 우선 한 갑의 담배로 시작되는 작전이다.

"바쁘시지요? 담배 한 대 태우시고 쉬었다 하시지요. 그리고 이 서류 좀 봐주세요. 퇴근 후 바쁘지 않으시면 시간 좀 주세요. 그럼 OO관에서 기다리겠습니다."

우선 그의 서랍을 열고 금일봉을 넣어주는 것을 잊어서는 안 된다. 이런 것이 과거 70~80년대에 흔히 볼 수 있는 관료적 권위주의(權威主義)에서 횡행하던 상납이라는 뇌물이다.

대한민국에서 돈으로 안 되는 것이 없다지만 뇌물(賂物)의 성격도 유형도 가지가지이다. 허가는 받아야 하는데 허가요건을 구비할 수가 없어 봐달라고 청탁(請託)하여 눈감아 달라는 비공식 허가인 보답형과 하자는 없는데도 꼬투리를 잡는 권리남용이랄까, 주지 않으면 괘씸죄가 되니 이를 면하려면 할 수 없이 주어야 하는 뇌물도 있다.

죄(罪) 치고 괘씸죄가 제일 크다고 할 정도로 기업을 경영하려면 정경유착이라는 말이 나올 정도로 후원금을 내지 않으면 결국은 괘씸죄로 도산할 수도 있으니 미리 알아서 기어야 한다. 짜고 치는 고스톱이라는 놀이가 아니라 잃어 주기 위한 놀이로 참으로 자존심 상하는 일이다.

모든 경기나 놀이는 승부를 위하여 존재한다고 해도 과언은 아니다. 일단 경기장에 들어서면 이기려고 최선을 다하게 되는 놀이를 상대의 환심을 사기 위해 능력을 다하지 못하고 승리할 수 있는 경기나 놀이를 억지로 져주자니 돈을 잃은 것보다 능력을 잃은

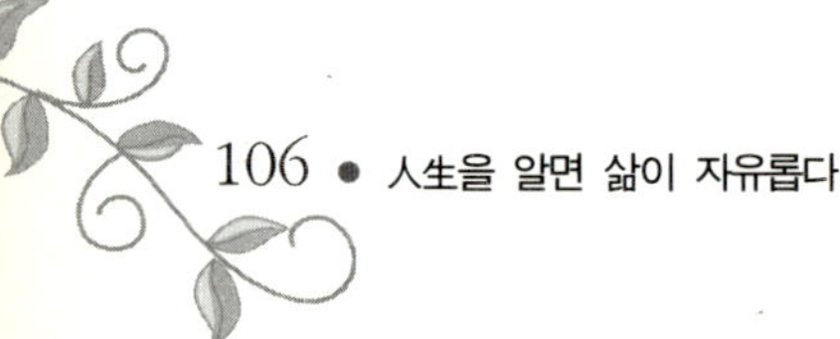

자존심 때문에 울분이 터진다.

왜 이렇게 비굴하게 살아야 하는가. 능력이나 인격적으로 상대를 능가할 수 있지만 단지 정(政)경(經)이나 갑(甲)과 을(乙)이라는 차이 정도쯤이랄까, 미묘(微妙)한 관계 때문에 일어나는 비애(悲哀)와 노사(勞使) 간의 차이 속에서 내 인생의 황금시기를 허비했으니…. 지금도 그런 일들이 떠오르면 얼굴이 붉어져서 허전한 마음을 달래보려고 하지만 잊혀지지 않는다.

과거 금일봉 하던 때의 일들도 쑥스럽고 창피한데 요즘 일어나는 작태(作態)는 아주 고단수로 사과상자를 돌리기도 하고 그 수법이 점점 대담해지다가 아예 차떼기로 실어 나르다 들통이 나고, 비자금을 차명계좌로 관리하면서 그 수법이 지능화되었다. 결국 들통이 나면 "사회에 환원하여 좋은 일에 쓰겠다, 경영일선에서 물러난다, 국민에게 사죄한다"는 하나마나한 변명으로 "후원금이다, 대가성이 없는 빌려준 돈이다"하는 식으로 어린아이도 믿지 못할 말을 최고 지식인이라 자처하는 똑똑이들이 기억나지 않는다고 얼버무린다. 그러한 것을 보면 역시 니코틴에 중독되고 낮술에 취하고 돈뭉치에 얻어맞으면 하늘이 돈짝만 하게 보이는지 횡설수설한다. 당장 금단의 조치를 내리지 않으면 나라가 위태로워질 것 같으니 격리수용하여 대가를 치르게 해서 금단증이라는 참기 어려운 고통을 맛보게 해야 한다.

절대금연(絶對禁煙)은 'No Smoking'이다. 나는 금연의 고통을 경험했다. 백해무익(百害無益)한 줄 알면서도 호기심으로 인해 중독되어 버린 것을 금하려니 참기 힘들다는 것을 알지만 자신과 가족을 위해 끊어야 한다는 동기가 발생하면 힘들더라도 따라야 한다. 평소에도 기관지도 나쁘고 나 자신도 지저분하고 거추장스러운 것을 싫어하니 끊어야 할 동기가 성립된 것이다. 줄인다는 생각은 버리고 인정사정 볼 것 없다는 말대로 미련은 절대 금물이다. 가차(假借)없이 칼로 무를 자르듯 일단 딱 자르고 이겨내야 한다.

두 번째 단계는 건강을 찾을 수 있는 찬스이다. 더 이상 지속하면 기관지나 고혈압, 각종 질병에 심각한 영향을 끼친다는 것을 인식해야 한다. 세 번째는 결심이다. 그것도 굳은 결심으로 이겨내야 하는 때는 금연 후 4~5주인 것 같다. 불안 초조하고 집중력이 떨어지고 불면증에 외로움까지 생기게 되니 이 고비를 넘기지 못하고 대개는 포기하기도 하지만 참아야 한다.

네 번째는 혼자서 고민하지 말고 주위 사람에게 알려라. 그리고 도움도 받고 그들에게 강인함을 보여주어야 한다.

다섯 번째는 허탈해진다. 나도 모르게 남의 담뱃갑에 손이 간다. 이렇게 무심결에 일어나는 것은 금단의 현상이 지속되고 있다는 신호이다. 스트레스 해소 방법을 찾아 산으로 들로 맑은 공기를 마시며 약물이나 껌, 사탕 등을 섭취하여 마음의 안정을 찾아야 한다.

이렇게 5~6단계를 거치는 동안 어느 정도 안정이 되면 그리움이라는 미련을 완전히 잊어버려야 한다. 어떠한 유혹에도 흔들리지 않는 확고한 신념으로 1~2년이 지난 후, 멀리서 남이 태우는 담배연기가 향기롭던 것이 역하게 느껴져야 완전 금연에 성공한 것이라고 장담할 수 있다. 이것이 내가 경험한 금연의 순서이다.

"말(馬)은 험한 곳을 넘어봐야 준마(駿馬)인지 둔마(鈍馬)인지 구별되고, 칼날은 단단한 물건을 썰어봐야 강철인지 납인지 알 수 있다"는 말이 있다.

지나고 난 후에야 그것의 진가를 알 수가 있다. 추측으로 이럴 것이다 성급한 판단으로 함부로 말해서도 안 된다. 내가 경험했다고 다 옳은 것이 아니다. 내가 경험한 것은 내 것일 뿐 여러 사람의 것이 될 수 없기에 그저 참작하는 정도로 족해야 한다.

사람이 평생을 살면서 많은 사건을 보고 경험하며 살아간다. 뒤늦게 깨우침은 남에게 도움을 주지 못한다. 철들자 망령이라는 말대로 조금 안다고 남에게 아는 척 이야기해봤자 괴이(怪異)한 눈으로 볼 것이다.

곱게 늙고자 행동 하나하나가 조심스러운 고희(古稀)를 살면서 괴상(怪狀)한 할아버지라는 소리를 들어서는 안 된다 하면서도 수일 전에 친구와 낮술을 즐기다가 괴벽(乖僻)하다고나 할까 괴상하고 망측한 일을 당했다.

거나하게 취한 술좌석에 묘령(妙齡)의 아가씨가 한 병의 술을 선사했다. 웬일이냐고 물으니 젊은 오빠들의 말씀이 하도 재미있고 보기가 좋아서 드리고 싶다면서 오래오래 건강하게 사시라며 따라주니 고마웠다. 이런 것을 굳이 사양할 필요는 없었고, 젊다는 오빠의 표현이 거짓인 줄은 알지만 기분은 그리 나쁘지 않으니 주책인 것은 틀림이 없는 것 같아 떠오른 단어가 괴리(乖離)이다.

사리에 벗어나 어긋난다고 해석하니 내가 지금 괴상하고 망측하다는 괴망(怪妄)한 말이나 행동이 저들의 눈에 어그러지고 거슬리게 비친 것이 아닐까 하는 괴오(乖忤)의 뜻대로, 수치스럽고 무안을 당한 것 같아 두렵고 부끄러워진 적이 있다.

괴이한 버릇으로 늙어가며 말이 많으니 젊은이들은 싫어한다. 고리타분한 구시대의 잔소리를 듣기 싫어하는데 그 아가씨는 우리들의 말을 귀담아 들었다니 고마울 수밖에 다른 표현이 생각나지 않는다. 잘 쓰지도 않는 괴(乖)자를 써 놓고 '어그러질 괴'라 낙서하고 있으니 우리가 흔히 쓰는 말도 무슨 의미인지도 모르고 사용하는 내 자신이 괴이(怪異)하다.

부끄러워하는 마음, 즉 괴심(愧心)을 모르는 괴벽(怪癖)한 할아버지, 이제 술 좀 끊는 것이 어떨까 하는 마음에서 절대금주(絶對禁酒)라 적어놓고 갈등하고 있다.

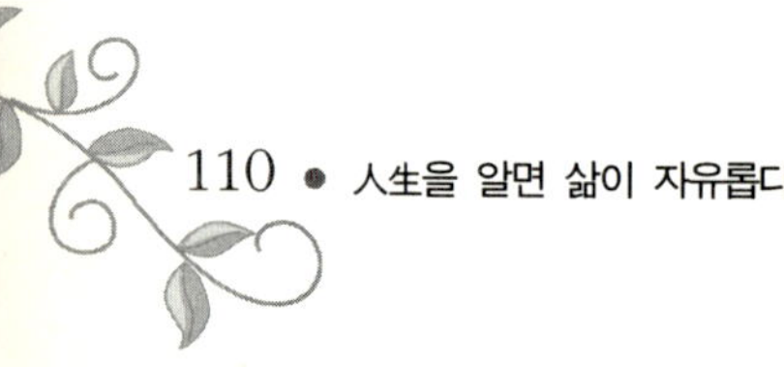

필구제도(必求諸道)

도리(道理)에 맞는 점을 찾아야 한다는 말이다. 도리는 우리가 해야 할 바른 길이다. "구슬이 서 말이라도 꿰어야 보배다"라는 속담이 있다. 리(理)는 '옥을 갈다'라는 의미를 가진 글자이다. 모든 일에는 근원이 있으므로 순서에 따라 인의(仁義)나 덕행(德行)의 방법을 다스리는 것이라고 해석하는 것이 내가 아는 도리요, 본분이다.

우리는 살아가면서 많은 일들을 겪고 당하고 살기 마련이다. 부당한 처사에 눈살을 찌푸리기도 하고 거슬리는 말에 노하기도 하면서 개었다 흐렸다 변화무쌍한 삶을 살아가게 마련이지만 그럴 때마다 노하지 말고 상대의 말이 거슬리더라도 다 들어보면 도리에 맞는 구절도 있다는 것을 알았다.

마음에 거슬리는 말을 좋아할 사람은 아무도 없다. 하지만 상대를 대수롭지 않게 생각해서 무시하여 피한다면 상대방의 마음속에 숨어있는 장점이나 약점이 있다는 것을 알지 못하니 그로 인해 발생할 수 있는 사건에 대해서는 속수무책 방어할 길이 없는 것이다.

지피지기(知彼知己) 백전백승(百戰百勝)이라는 손자병법에 나오는 평범한 진리를 알면서도 억지로 외면하고 내 마음같이 남을 믿다보니 늘 당하기만 하는 우리는 너무 안이한 생각으로 살아온 것 같다.

어지럽게 움직이며 난동(亂動)하는 무리들을 너무 많이 보고 살아서 그런지 대모니 소요(騷擾)니 하는 것에 면역이 생겨서인지 이번 북경 올림픽 성화(聖火)봉송 행사 반대시위가 일어나는 것쯤은 당연한 통과의례라 여겼는데 이게 도대체 무슨 일인가.

여기는 엄연히 대한민국 수도 서울 시청 앞 광장이다. 그런데 우리가 아닌 중국인들이 그들의 붉은 깃발인 오성홍기(五星紅旗)를 마구 흔들어 대며 광란(狂亂)의 아우성을 쳐대며 치안을 담당하는 경찰관을 폭행하는 장면을 목격했다.

경악(驚愕)했다기보다는 이럴 수가! 내가 중국에서 일어난 사건을 잘못 본 것이 아닌가. 분명 우리 서울인데 혐오스런 붉은색 깃발이 보기 거북스럽고 저들이 정말 유학생인가를 의심하게 하는 사건 앞에 넋을 잃고 말았다.

세계평화의 올림픽 정신을 만방(萬邦)에 알리려는 성화 봉송의 길이 오히려 평화를 짓밟고 폭력을 휘두르는 것은 무엇을 노린 것인가. 올림픽이라는 성대한 잔치를 준비하면서 세계 널리 알리

고 초청하러 다니는 것이거늘, 손님이 달갑게 생각하지 않는다고 남의 집까지 찾아와 행패 부리는 것을 그들은 애국이라 할지 몰라도 본뜻에 어긋나는 괴리(乖離)라고나 할까. 안하무인 날뛰는 저들을 절대 용서해서도 용서를 바라서도 안 될 일이다.

우리를 물로 본 것인가. 아니면 저들이 미쳐서 이성을 잃고 날뛰는 것인가. 왜 우리 경찰은 미쳐버린 무리들을 미리 단속하지 못하고 마구 풀어 놓았는가. 그 많은 깃발이나 유니폼을 준비하고 계획적인 준비를 했는데도 모르고 방치한 것인가. 이런 것을 단순한 불상사로 보는가. 이번 사건은 사과나 위로나 유감이라는 외교적인 양해나 양보는 안 된다. 가담자들을 철저히 가려내어 엄벌(嚴罰)하고 대한의 자존심을 회복시켜 다시는 우리를 깔보지 못하도록 해야 한다.

우리는 예로써 그들의 행사에 최선을 다해 편의를 제공하려고 노력했는데 결과는 배신으로 돌아왔다. '세계를 하나로'라는 이념으로 동참해야 하는데 어쩌다가 이웃집 축제마저도 하나의 민족인 남과 북이 다른 시각에서 그들을 대해야 하는지, 이제 우리도 정신 좀 차렸으면 한다. 모든 일을 관대하게만 베풀 때가 아니다. 이번 일뿐 아니라 앞으로도 역효과나 부작용을 일으킬 소지가 있는 베풂이나 배려는 신중을 기해야 한다.

마음에 없는 빈말이라도 "물의를 일으켜 미안하다. 그리고 도와주어 고맙다"하는 도리를 아는 자에게만 베풀자. 한 민족끼리도 이렇게 색깔이 다른 혼미(昏迷)한 세상인데 이속 없이는 타 민족과의 화해 · 화합이나 도 · 예는 기대할 수 없는 것이니 믿어 달라 해도 믿기 어려운 것이다.

과거 우리는 화해와 협력을 전제로 하는 정책을 펴서 남과 북이 화합하고자 외교정책을 펴왔으나 별다른 진전도 없이 현실에 맞지 않는 말들로 통일이 곧 되는 것같이 떠들어 댔다.

우리는 다같이 8.15 해방의 기쁨을 잠시 맛보았지만 6.25 동란이라는 민족적인 비극으로 인해 패자도 승자도 없이 다같이 손해만 보고 남과 북이 대치하며 평화통일을 꿈꾸지만 쉬운 일도 아니다. 언젠가는 통일이 되겠지만 막대한 통일비용도 걱정되며 우리의 경제를 압박할 것 같은 현실적인 난제를 어떻게 풀 것인가 하는 어려운 문제들이 너무 많다.

국민의 동의 없는 정책은 옳다고 해도 부작용을 일으키기 마련이니, 다 같이 잘살 수 있도록 경제도 살리고 우리 민족이 공감할 수 있는 통일 방안이 무엇인지 그것을 모색해야 한다.

'평화동일'이라는 말을 너무 많이 듣고 살았다. 다들 잘살게 한다는 것도 중요하지만 다 잘살 수 있다는 세상을 이룬다는 것도 믿지 않는다. 다만 열심히 일하면 잘살게 되는 세상을 원한다.

게으름을 피우다가 못사는 것은 그들의 책임이다. 공산주의는 다같이 일하고 다같이 잘살자는 이론이지만 그들이 그것을 지키

지 못했기에 권력기관만 잘사는 세상은 공정한 것이 아니다. 민주주의나 자본주의의 좋고 그름을 평할 줄은 몰라도 '권불십년'이라는 말이 있다. 권력이 아무리 막강해도 10년을 유지하지 못한다는 말이다.

그 말이 맞는지 우리는 5년마다 정책이 바뀐다. 햇볕정책 10년, 그러나 무엇이 달라졌는지 실감나지 않는다. 바뀐 것은 과연 무엇이 있는가. 귀한 쌀과 물자를 지원하고 공단을 만들어 주어 실업자를 구제한 대가로 금강산 구경 한 번쯤 한 것이 전부라면 대가치고는 너무 작은 것 같다.

이산가족 상봉도 해보았건만 반가워할 이산가족들은 잠시 눈물 흘리고 부둥켜 앉고 아쉬워했을 뿐 생각도 이념도 서로가 다르니 반가움은 잠시이고 허전함이 전부이다.

저분들이 과거 우리 가족이었던가. 맞기는 맞는 건지 알쏭달쏭하지만 보안법에 적힌 찬양고무죄가 될까 찬양하면 이적행위가 되기 십상이니 좋아도 싫어도 그저 형식적인 안부정도나 나누고 기약 없이 남남으로 되돌아온다. 경협자금이 눈먼 남의 돈인지 쓰고 써도 탈 없는지 마구 퍼주었다는 말도 나오고, 끌어안고 칭찬해도 이적행위는 안 되는지 보기 민망하게 끌어안아도 보면서 끌어온 10년…. 이제는 포기하며 줄까말까 생각 좀 했으면 하지만 우리보다 몇 십 배 장기집권을 누린 그들이 그리 쉽게 변할지 궁금하지만, 안 주면 쳐들어온다고 이판사판 막나가더라도 겁날 것이 없다고 큰소리 좀 치고 살았으면 한다.

이런 말이 하고 싶어도 할 곳이 없어 망설였는데 이번 성화 봉송으로 드러난 표리부동한 이면을 보고 오늘은 마음속에 낙서를 해두었던 말들을 마구 적고 있으니 칠흑(漆黑) 같은 답답했던 가슴이 잔물결같이 바람에 일렁인다.

우리는 아슬아슬한 줄타기 같은 세상에서 앞으로 밀고 나갈까, 뒤로 뺄까, 아니면 옆으로, 그렇지 않으면 건너뛸까 하다가, 그도 저도 용기가 나지 않으니 우선 열강의 부자나라 눈치만 보고 살아온 것 같다.

이제 우리는 과거에 살던 초라한 집을 헐고 어디에 내놓아도 손색이 없는 새집을 지었다. 넓은 공터에 많은 공산품도 쌓아 놓았으니 이제 새로운 세계를 공약해보자. 욕심을 부려보면 의외로 허점이 많은 곳도 있을 것이다. 그곳에 기반을 잡고 점점 세력을 키워나가자. 세상 넓은 광야를 두고 좁다란 텃밭에서 허우적거리지 말고 궁할 때는 작은 것은 가차 없이 버리고 새로운 곳을 찾자. 상황이 나쁠 때 정면 돌파는 희생이 따르므로 우회도 좌회도 해가며 희생을 피하자. 원자재라는 강적이 다가오지만 잠시 피하고 보자. 소낙비는 우선 피하고 보면 그칠 때가 오기 마련이다.

바둑판같은 세계정세 속에서 소탐대실(小貪大失)을 초래하기 십상이다. 급할수록 돌아간다는 한판의 바둑판같지만 삶은 외줄타기같이 아슬아슬하다. 하지만 균형만 잘 잡으면 곡예(曲藝) 공

연은 성공할 수 있는 역전 드라마처럼 간발의 차이로 좌절의 기로에서 소생하는 칠전팔기(七顚八起)의 성공을 맛볼 수 있으리라.

죽의장막이 걷히면서 경제대국을 꿈꾸며 우리를 압박한다. 머지않아 북한 땅의 철의장막도 걷힐 것이다. 우리는 이들을 경계하여 필구제도(必求諸道)하여 반드시 도에 맞는 점을 찾아 국익에 도움이 되는 제도를 펴나가야 이길 수 있을 것이다.

이해(理解)와 오해(誤解)

이해는 스스로 깨달음으로 알게 되지만 오해는 잘못 생각하고 있는 것이니 상호간에 풀어야할 과제이다. 오해가 풀릴 때까지 기다리기가 쉽지 않지만 잘못 알고 있는 것을 서로 고집하여 헐뜯는다면 그것은 그릇된 것이다.

세상은 하나의 집이라 했다. 우주라는 거대한 자연계를 생각해 보자. 지구를 하나의 조그만 국가 정도라 표현한다면 황당한 공상가라 할 것이다.

얼마 전에 세상을 떠들썩하게 만든 한국 최초의 우주인이 탄생했다. 우주비행을 마치고 무사히 귀환한 쾌거에 무척 감격했다. 우주를 정복하려는 야심 속에 세계가 각축전을 벌이고 있다. 지구는 이제 너무 적은 땅덩이이다. 무궁(無窮)한 세계로 향하려는 전초기지인 국제 우주정거장(ISS)을 하늘 높이 쏘아 올려놓고 그 곳을 거점으로 우주를 개발하려는 야심이라고 할까.

인간의 무궁한 욕심을 어떻게 이해할지 말도 안 되는 터무니없는 일들이 자고 나면 현실로 다가오는 작금(昨今)의 현실 속에서 어제의 오해가 오늘의 현실로 이어지는 많은 사건들을 어떻게 이해해야 할지 오해가 쉽사리 풀리지 않는다.

진리(眞理) 그것은 불변(不變)이라고 힘주어 말한 적도 있지만 세상이 다 변한다 해도 참이라는 진리는 변하지 않는다고 했는데 우리는 진리에 대하여 얼마나 알고 있는가. 그것이 미지수일 뿐 우리가 알고 있는 진리도 사람에 따라 다르게 생각하기 때문에 진리는 있지만 진실을 이해하지 못한 진리는 변할 수밖에 없고 내가 아는 진리 역시 나 혼자만의 잘못된 깨달음인 것 같다.

이제는 흑백의 논리로 아옹다옹 다투는 때가 아니다.

하나의 문제를 흑백논리(黑白論理)로 O, X로만 풀어갈 수 없는 세상에서 다중(多重)의 현란(眩亂)한 색채의 세상이 과거 찬반의 다수가결의 결정을 존중하던 민주주의도 빛을 잃었다. 회색분자라는 색깔론도 다중의 칼라처럼 애매모호(曖昧模糊)한 사회적 구조 속에서 진리라는 진(眞)자를 찾기가 점점 힘들어질 것 같다.

백구과극(白駒過隙)이라는 말이 생각난다. 백말을 타고 빨리 달리는 것을 벽(壁) 틈으로 보는 것 같이 덧없이 흘러가는 세월을 인생에 비유한 것이다. 세월이 몹시 짧다는 것을 풍자한 말로 짧은 인생에서 이해 못할 일들이 너무 많은데 확실히 알지 못한 흑백

시대에서의 사고방식은 칼라시대에선 오해만 있을 뿐이다.

백(白)을 한 마디로 말해서 흰 것은 사실이지만 밝고 깨끗한 결(潔)을 의미하기도 하고, 고백(告白)이나 아무것도 없다는 무(無)의 뜻도 가지고 있다. 공포를 생각할 수 있는 의미의 백색공포(白色恐怖)는 러시아 혁명 때 정부가 혁명운동에 대하여 가한 탄압으로써 백색테러라고도 한다.

백수풍진(白首風塵), 늙은 마당에 온갖 풍파 다 겪고 백수(白首)되어 퇴임당한 노구(老軀)가 검은머리 파뿌리의 백수(白手)가 되어 백색 무지갯빛을 그리워한다. 흑백도 선악도 정사(正邪)를 구별하지도 못했으니 한일자 힘 있게 그어 백(百)으로 만들어 놓고 일백 백은 '힘쓸 맥'으로도 읽는다는 앎이 삶의 길잡이가 되는 것 같아 혼자만 아는 듯이 헛소리한다. 그러다가 헛길로 들어서고 말았으니 뒤돌아갈 수 없는 길이라면 갓길인 줄 알지만 갈 수밖에 없는 것이다.

백미(白眉), 여럿 중에서 가장 뛰어난 사람(The best) 이야기 좀 하자.

옛날 중국 촉(蜀)의 마씨(馬氏) 집안에 오형제가 살았는데 그 중 흰 눈썹을 가진 마량(馬良)의 재주가 가장 뛰어났다는 말에서 유래되었다. 백미(白薇)는 백장미이다.

며칠 전 결혼시장에서 백장미같이 아름다운 신부를 보았다. 사랑

의 맹서를 확약 받는 절차에서 주례선생님의 신랑에게 물었다.

"신랑은 신부를 아플 때나 가난할 때나 한결같은 마음으로 오늘같이 변함없이 사랑하겠습니까?"

"예!"하고 우렁차게 대답한다. 세상이 다 변한다 해도 너와 나의 사랑은 지금 이 순간처럼 영원히 함께하겠다고 만인 앞에서 순백(純白)의 맹서를 했으니 하늘이 이들을 갈라놓지 않는 한 철석(鐵石)같이 맺은 언약이 변하지 않는다면 바른 마음의 길인 정의라 할 수 있다.

처음 그대로 변하지 않는 것이 과연 있을까? 하는 의문을 가져도 보았지만 글쎄…. 좋은 경사에서 바르지 못한 생각을 잠시라도 한 것이 미안스러워 그들만은 꼭 약속을 지켜주길 바랄 뿐이다.

사람은 매일 새로운 것을 요구하며 사는 동물이다. 그런데 오늘 그리고 내일이 그게 그것이라면 따분하게 느껴질 것이다. 변화무쌍(變化無雙)한 것도 번거롭지만 그래도 변화 있는 삶은 생에 활력소를 줄 것 같아서 오늘보다 내일, 내일보다 나은 사랑을 기대한다. 티격태격 다툼도 경험하며 기복(起伏)있는 삶을 살 수밖에 없는 인생여로의 출발점에서 가도 가도 끝이 보이지 않는 인생길을 가듯, 이제 갓 결혼한 한 쌍의 부부 역시 행복을 향한 힘찬 출발이길 빈다. 이렇게 잘 되기를 비는 부모나 하객의 심정을 이해한다면 그들은 잘살 수 있을 것이다.

우주개발 역시 많은 투자와 하나뿐인 목숨도 아랑곳없이 위험한 임무를 마쳤으니 문제는 투자한 만큼의 대가가 있어야 하는 것이 국민의 기대이다.

대가(代價)는 결과로 나타난다. 결과라는 것도 이해하면 찬사를 보내고, 오해한다면 질타(叱咤)가 쏟아질 것이다. 공들여 쌓은 탑은 무너지지 않는다. 공들인 만큼의 대가를 원한다. 우리가 기대하는 희망은 마음으로 기리는 무형의 세계이다.

"희망을 마음 다 바쳐 밝은 달에 의탁하려 했는데 그 달이 나를 외면하고 엉뚱하게 개골창을 비추리라 누가 알았으랴" 한다면 누빙조후(鏤氷雕朽)라고나 할까.

얼음에 새기고, 썩어서 쇠한 나무에 새긴다는 뜻으로, 아무리 영리한들 헛수고가 되지 않도록 오해는 없고 이해만 있는 정치를 원하면서 옛글 하나를 소개하자.

계이불사(鍥而不舍) 금석가루(金石可鏤), 멈추지 않고 새기면 쇠나 바윗돌에도 조각할 수 있다. 계(鍥)는 새기다, 끊다, 낫으로 풀을 벤다는 뜻이며, 루(鏤)도 새기다 또는 쇠장식품을 뜻하는 글자로 다같이 강철로 새긴다는 뜻이다.

생(生)의 기원(紀元)

생의 시초(始初)는 정자와 난자가 결합하여 수정체가 되어 품(楅)이라는 어머니 자궁 속에서 착상한 후, 무수히 많은 세포분열을 통해 형성된 태아는 탯줄이라는 선으로부터 영양을 공급받고 자라면서 비로소 인간의 형상을 갖추고 세상에 나온다.

"나는 사람이다!"라고 그저 큰 울음소리로 대신하며 마구 어머니 젖가슴을 더듬어 무턱대고 빨아먹다가 눈을 떠 세상이라는 것을 보니 요지경 속인 것을 의식했는지 이제 내가 설 곳을 찾아야 한다고 기를 쓰며 처음 배운 것이 걸음마이다.

인생의 걸음마는 태어나서 어머니 품에서 떠나려는 최초의 행동이다. 걷는다는 것도 걷고 싶어 배운 것이 아니다. 살기 위해 도망도 치고 먹을 것을 구하기 위해 달려가려고 무의식 속에서 터득한 것이며, 그것을 알기 이전을 '요람'이라고들 한다.

요람(搖籃)을 떠나 30여 개월이 지나면서 철이라는 것을 조금씩 알게 되는 것이다. 이제는 나로 살아야 한다는 생각으로 배우려고 한다면 조숙한 것이고, 그래 이런 것이 사는 것인가 보다 하면서 되는 대로 살자 한다면 지진아라 할 것이다.

이제 요람은 내 것이 아니다. 탈피하자. 지금까지는 연유(煉乳)로 살았지만 연질(軟質)의 식품은 사절이다. 나도 치아(齒牙)라는 것이 있다. 단단하고 질긴 것을 원한다. 그러면서 보고 싶은 것, 알고 싶은 것을 다 배우려고 한다.

"배워서 알 때까지만 도와주세요. 다 배우면 보답할 게요"하고 배웠으나 홀로 서기가 그리 만만한 것이 아니지만 홀로 서야 한다.

부드러운 음식, 편안한 잠자리, 지난날이 그립지만 이제는 가져다 줄 사람이 없다. 단단해도 거칠어도 불편해도 홀로 극복해 나가야 한다. 이제 나는 나다. 건전하게 살아남으려면 무엇이든 닥치는 대로 먹고 소화시켜야 한다. 이런 것쯤은 너무 싱거우니 좀 더 자극 있고 상큼한 것이나 좀 더 화려하고 짜릿한 것을 마구 탐하게 된다. 그렇게 해도 탈이 없는 줄 알고 마구 달려도 가니 이제는 홀로서기에 성공한 것이다.

성공 다음에 오는 자만이라는 과욕이 생기면 그것을 절정으로 하향(下向)의 곡선(曲線)을 그리며 추락(墜落)하게 된다. 추락의 비애, 탐하던 주색잡기(酒色雜技), 이제는 안 되겠다 우선 금연부터 하자 했는데 과음하면 해롭다는 술도 안 되겠다.

술을 끊고 나니 다음 단단한 거친 음식도 소화가 안 되니 싫어했

지만 죽을 먹자. 죽어도 못 먹겠다는 죽. 그래도 부드러우니 먹을 만하다 했는데 그도 시간이 흐르니 거부 반응을 일으켜서 더 묽은 미음(米飮)으로 보충하자 했지만 얼마 가지 못해 그도 소용이 없어진다.

시작과 끝의 흐름이 같은 곡선을 그리려는지 이제는 줄이 달린 튜브로 영양을 공급받아야 한다. 최초의 탯줄이 그런 것인가.

담배 끊고 술 끊었는데 밥도 소화를 못시키니 그것을 끊고 미음으로 연명하자 했지만 그것마저 끊게 되면 줄에 달린 링거라는 물로 살란 말인가. 링거마저 끊게 되면 할 수 없이 목숨도 끊어지는 것, 그때까지는 내 힘으로 버텨보려고 애를 쓰지만 그 후는 나도 모를 일이거늘….

자손들이 지켜보는 가운데 마지막 숨이 끊어진다면 이것이 요람에서 무덤까지라는 인생여로의 기나긴 여행 일정일 것이다.

원조(元祖)니 원칙(原則)이니 하는 보수(保守)나 실용(實用)주의라는 것도 모르면서 그저 나로 살아왔을 뿐 원조라는 것을 몰랐으니 마지막이라는 종말(終末)은 더더욱 모를 일이다.

첫걸음마를 배워 홀로서기 하여 세 살 적 버릇 여든까지 간다는 말대로 이제 겨우 삶이라는 걸음마를 배운 것 같은데….

할 일도 다하지 못하고 불가한 것을 고집하다가 쇠락(衰落)하여 패배(敗北)라는 고배(苦杯)의 술잔을 맛보고 나서 후회도 했지만 이미 지나고 나니 때늦은 후회일 뿐이다.

추기지본(推己紙本)이란 말이 있다. 자기 본분을 헤아린다는 말이다. 물아(物我)나 물심(物心)은 자신의 마음 상태를 사물에 비유하여 가리키는 것이지만 욕심을 채우려고 멋대로 방종하게 굴다가 낭패를 볼 수 있다는 말로 우언(寓言)의 이야기이다.

한 농부가 산에서 길을 잃고 헤매는 어린 고라니 한 마리가 불쌍해서 집으로 가져와 날마다 먹이도 주고 정성들여 보살피며 집에서 기르는 주인집 개들이 해치지 못하게 엄히 단속하며 보다 더 사랑해 주었다.

그런데 고라니란 놈은 개들이 주인을 무서워해서 해치지 않는다는 것도 모르고 지가 개들보다 잘난 척 우쭐대며 지냈다. 그러다가 바깥세상이 궁금하여 우연히 홀로 나갔다가 다른 무리의 개들을 보고 달려가서 같이 놀려고 하니까 개들이 우르르 달려들어 물어뜯는 바람에 죽고 말았다.

영문도 모르고 개들의 먹이가 된 고라니같이 큰 권세의 그늘 아래 본분을 잃고 날뛰는 어리석은 우인(愚人)이 존재하는 세상이라는 것을 일깨워주는 우화의 한토막이다.

부지(不知)를 깨우치려면 멈추지 말고 계속 배우려고 노력한다면 많은 지식을 얻을 수 있다. 많이 안다는 것은 무지를 유식으로 만드는 것이며 어리석음을 물아의 경지에 이르게 하여 사물로

인해 나를 깨우치게 하여 바르게 하는 것이다.

지식을 밑천으로 부당한 부를 축적한다든가 남을 곤경(困境)에 처하게 하면 바른 배움이 아니다. 바른 배움이나 바른 지식은 평생의 자산이다.

그 바른 배움의 길이란 힘든 길이다. 그러나 그 길을 계속 가야 한다. 삶은 끝이 있다지만 그 끝을 아무도 모른다. 배움은 끝날 때까지 멈춤도 없이 묵묵히 간다 해도 배우는 것보다 잃는 것이 더 많으니 그 길이 요원할 뿐이다.

거간식비(拒諫飾非)

충고나 간하여 청하는 말을 거절하고 자신의 과오를 그럴 듯하게 꾸며 자신을 돋보이려고 하는 것이다. 충고(忠告)는 진실한 마음으로 가르쳐 깨우치게 하는 말이며 간언(諫言)하는 말은 간청하여 드리는 말로 안자(顔子)의 편명이다.

바른말을 해도 이를 가로막고 자기주장만 옳다고 하는 사람이 있는가 하면, 거슬리는 말을 들어도 귀담아 들으며 깊이 생각한 연후에 자기 의사를 이야기하는 사람도 있다. 사람은 간사한 동물이라는 말이 있듯이 대부분 남의 말을 귀담아 들으려고 하지 않는 것 같다.

남의 말을 무시하여 듣지 않으려고 귀를 막고 거절하고 자기 마음대로 말하는 사람은 친구가 없어 고립되기 십상이지만 많이 들어주고 간(諫)하는 말을 고맙게 여긴다면 많은 친구도 사귈 수 있으며 자신에게도 이롭다는 것을 살아오면서 알게 되었다. 풍간(諷諫)은 사물을 비유하면서 간하는 말이다. 아무리 언론이 개방

되고 할 말 다하고 사는 세상이지만 요즘 말들이 너무 거침없이 쏟아져 나오니 바른말이나 옳은 말이라 할지라도 너무 직설적인 말로 인해 곤욕을 치르기도 한다.

과거에는 감히 생각지도 못한 '반(反)'이라는 뒤집다, 뒤엎다라는 말이나 '친(親)'이라는 사이좋게 지내자 라는 좋은 말도 있지만 '반정부(反政府) 투쟁(鬪爭)'이라는 문구에다 '친북(親北)'이라는 말까지 난무한다. 심히 유감스럽다는 표현 정도로는 풍간할 수 없기에 듣기 거북하고 혐오스럽고 모질어 표현하기조차 싫은 말들이 마구 나돈다.

반정부(反政府) 투쟁(鬪爭)은 정부정책을 반대하여 싸워 결판을 낸다는 말이니 정부가 무너지면 누가 덕을 보겠는가. 그런데 이제는 더 이상 물러설 곳도 다가갈 곳도 없다면서 투쟁한다면 어떻게 될까.

끝장을 보자! 끝을 보더라도 관철(貫徹)이라는 마지막 카드를 사용한다면 남는 것이 과연 무엇일까.

반이든 친이든 살아가는 데는 존재하게 되는 이론이지만 벼랑 끝에 선 것이라면 돌파구를 찾아야 한다. 자멸(自滅)이란 나만의 문제가 아니라 우리라는 틀이 흔들리는 멸망(滅亡)이라는 것은 막아야 한다.

투쟁이라는 말이나 사수라는 말은 전쟁터에서 죽느냐 사느냐의 기로에 선 병사들만이 사용하는 단어이다. 정부와 국민, 노나 사도 다 같은 우리이다. 우리가 살 길은 공존뿐이다. 이제 분규

(紛糾)도 종점에 온 것 같다. 종점은 다시 시작할 수 있는 새로운 돌파구가 있기 마련이다. 최선책을 찾아보자.

최선(最先)은 가장 먼저 행하는 우선이다. 최선(最善)은 정당하여 도덕적 기준에 맞는 가장 뛰어난 것을 선이라 한다. 정당한 것을 먼저 행하는 것이 우선되어야 하는데 자기 이익만을 고집하는 것을 옹고집(壅固執)이라고 한다.

억지가 너무 심한 고집으로 허(虛)인지 실(實)인지 따져보지도 않고 자기주장만 내세우는 사람을 말한다. 자기주장이 그릇된 것인 줄 알면서도 이익이나 자존심 때문에 우직하게 버티는 병적인 사람을 말한다. 죽음도 불사할 정도의 집착을 가지고 버티는 사람을 말한다. 옹고집은 자신을 힘들게 하고 많은 일들을 어렵게 만들기도 하지만 옹고집을 부릴 만한 이유가 있을 때도 있다.

일을 많이 해도 삶의 질이 바닥권이라면 힘들여 일을 하지 않는다. 문화의 혜택도 못 받고 여가를 즐긴다는 것은 상상도 못하고 전혀 희망이 없는 그런 삶을 살 수밖에 없다면 너무 절망적이지 않은가.

우리 모두는 열심히 땀 흘린 만큼만 대가를 기대하며 자기의 본분을 헤아릴 줄 알아서, 외부의 힘에 의존하지 말고 우리 힘으로 하자는 마음가짐으로 과오를 범하지 않았으면 한다.

병종구입(病從口入)

모든 질병은 입으로 들어오고 재앙(災殃)은 입에서 나온다. 병마(病魔)나 병폐(病弊)에서 '기댈 녁(疒)'은 병들어 기댄다는 뜻으로 녁(역) 변에 쓰이는 글자는 모두 병과 관련된 글자이다.

사람이 아플 때 침상에 기대어 있는 모습을 상상해보자. 병들어도 기댈 곳이 없다면 참으로 가슴 아플 것 같은 생각이 들게 하는 글자가 '녁(惄)'자이다. 허출하고 시장기가 있는 사람이 근심하면서 걱정스럽게 서 있다면 얼마나 마음이 아프겠는가.

마음 아프게 생각하는 것이 또 있다. 인간광우병(人間狂牛病)이다. 미쳐서 경련(痙攣)을 일으키며 허우적대는 화면을 보았다. '저런 광란(狂亂)을 일으키는 역병(疫病)이 사람에게도 옮길 수 있다니….' 세상을 한탄도 하지만 검증절차를 확실히 거쳤다 해도 그런 혐오스런 것을 먹어야 할지 말아야 할지 감이 오지 않는다. 아주 귀하고 몸에 좋은 음식으로만 기억했던 쇠고기도 무섭다기보다는 혐오스런 동물로 변한 것 같다.

병불이신(病不離身)은 몸에서 병이 떠나지 않는다는 말이다. 가뜩이나 환경오염으로 인한 이상증후(症候)군, 기상이변으로 살기 힘들어지는 세상살이에 악성종양(惡性腫瘍)인 암(癌)이라는 고약한 병이나 기형아에 돌연변이가 발생할까 걱정이다.

그런데 인간광우병까지 걱정하게 되었으니 통한(痛恨)의 경련이 일어나는 듯하고, 몸에 알레르기가 돋는 것 같다. 음주후열(飮酒後熱) 같은 마음의 통증을 참으며 TV 속에서 쇠고기 수입에 대한 청문회를 보고 있노라니 더욱 울화통이 터진다.

대책도 대안도 확인할 근거도 찾지 못하고 언성만 높이는 질문도, 답변도 모두 궁색한 내로라하는 지도자들이 '보기 흉한 사나이'라는 뜻의 나한(癩漢)으로 보일 뿐이다.

등고필자비(登高必自卑)라고나 할까. 높은 곳에 오르려면 나를 먼저 낮추면 좋으련만 질문만 있고 확답도 없이 자기 잣대로만 주장하다가 마는 청문회를 또 보는 것 같아 아쉬울 뿐이다. 명쾌한 대안도 없으니 이번에도 역시 쇠고기로 인한 병균이 입으로 들어올지도 모르지만 병을 막을 길이 없을 것 같다.

광(狂)을 심하게 표현해서 '미친개에게 물린 셈 치자'하며 포기하고 살자 했지만 사랑을 받던 충성스런 개라 할지라도 미쳐서 주인도 몰라보는 광견(狂犬)이 되면 버릴 수밖에 없다.

소 역시 미친병에 걸리게 되면 사람에게까지 똑같은 병을 옮길

것이니 무엇이 잘못되어도 크게 잘못되어 가는 세태가 역귀(疫鬼)를 보는 듯하다. 분통이 터져 끼니를 잊는다는 발분망식(發憤忘食)이라는 말이 생각나지만 발분(發憤)을 가라앉히고 마음을 가다듬어 사태를 지켜보자 했는데 결국은 감당도 책임도 애매모호한 수입개방정책이 일어나고 말았다. 괴담(怪談)이 나돌 만도 하지만 흥분하지 말고 도움이 되지 않는 쓸데없는 말들은 삼갔으면 한다.

세상이 시끄러우면 유언비어(流言蜚語)가 나돌 만도 하다. 옛날이야기 속에서 나오는 도깨비나 귀신이야기라면 납량(納陽)특집처럼 오싹한 스릴이라도 맛볼 수 있고 무섭기는 하지만 재미있는 쾌감이 남게 된다. 그러나 미쳐서 사족(四足)을 못 쓰고 버둥대는 광병(狂病) 걸린 소를 떠올리니 등골이 오싹하다.

광우병에 오염된 쇠고기를 먹으면 실제로 내가 걸릴 수도 있단다. 우려되지만 확실한 근거도 없는 괴담을 함부로 퍼트리는 것은 유죄가 되니 유언비어는 삼갔으면 한다.

괴담이란 사실과 다른 기이한 비정상적인 이야기를 사실인 것같이 꾸며내어 사람들을 우롱(愚弄)하고 희롱(戱弄)하는 것이다. 한때는 중·고생들 사이에서 여고괴담이라는 말이 유행할 때도 있었다. 그런데 이제는 정체불명의 괴담이 인터넷이나 휴대폰 문자로 마구 파고드니 괴담도 시대변천에 따라 변해가면서 유행을 앞서간다.

고마문령(瞽馬聞鈴)이라는 글을 인용해보자. 눈이 먼 말은 주인이 가는 대로 방울소리만 듣고 따라간다는 말이다. 남이 하는 말만 듣고 맹목적으로 따라하는 주관 없는 사람을 말한다.

우리는 정부를 믿고 따른다. 정부가 안전하니 주는 대로 먹어라 하면 아무 말도 못하고 먹으며 살았다. 하지만 이제는 무조건이라는 말로는 안 된다. 우리 국민은 눈 먼 장님이 아니다. 알만큼 안다. 과거처럼 눈이 먼 장님으로 취급해서는 안 된다.

장님은 희고 검은 것을 모른다. 그것은 흰 것이나 검은 것의 명칭이 없기 때문이 아니라 보이지 않아서 구분할 수 없기 때문이다. 유언비어는 거짓말과 통한다. 없는 것을 있다고 믿게 하는 것을 미신(迷信)이라고 한다. 있던 것을 없었다고 한다고 없어지지 않지만 없는 것을 있다고 착각하게 하여 남을 곤경에 빠뜨리고 그것으로 부당하게 무엇인가를 노린다면 그것은 죄악이라 할 수 있다.

탐욕(貪慾)이나 분노(憤怒) 오만(傲慢) 등으로 인해 유언비어도 퍼트려 보지만 진실만을 생각하는 사람에게는 그저 괴담이라는 납양특집 드라마 정도일 뿐이다. 미신을 믿는 사람에게는 사실로 생각되어 믿을 수밖에 없으니 무심코 퍼트린 한마디의 말이 큰 파장을 일으킬 수 있다는 것을 알아야 한다.

바른 생각이 바른 행동으로 이어진다. 우리는 옛날에 할아버지와 할머니로부터 괴담에 가까운 이야기들을 많이 듣고 자랐다. 할아버지는 아들에게 추억을 남기고 손자에게는 미래를 남겨놓고 돌아가길 원하셨기 때문에 삶의 지혜를 가르치길 주저하지 않으

셨다. 오늘의 현실을 똑바로 바라보며 살 수 있도록 키워주신 그 분들이 물려준 이 땅을 오염시켜서는 안 된다.

땅이 오염되면 식물이 자라지 못한다. 물이 오염되면 물고기가 살 수 없고 그 물도 사람이 사용할 수 없다. 새들이 살 수 없는 환경은 사람 역시 살 수 없다. 자연은 그대로의 삶을 원하며 더불어 살길 원하지만 개발이라는 명목으로 자꾸 오염시키니 이런 것을 염려하는 할아버지들의 세상 사는 이야기가 참된 교훈이라는 것을 알았으면 한다. 할아버지가 손자들에게 들려주고 싶은 세상 사는 이야기가 많지만 들으려 하지 않으니 그걸 걱정한다.

화종구출(禍從口出)이다. 화는 입에서 나온다. 입을 조심할 때다. 입이 방정이라는 말이 있다. 말 한마디에 천 냥 빚을 갚는다. 남의 결점이나 허물을 꼬집어 말하지 말고 자기 결점(缺點)이나 하자(瑕疵)는 없는지부터 생각하자. 사람은 누구나 완전무결할 수는 없는 것이다. 우리는 서로 존중하고 우리 것을 아끼고 사랑하며 살자.

신토불이(身土不二)는 많이 듣고 사용하는 말이지만 어떻게 설명해야 할지 감이 잡히지 않는다. 단지 몸과 땅은 둘이 아니라 하나라는 뜻으로 자기가 사는 땅에서 산출되는 농산물을 먹어야 체질에 잘 맞는다는 말로 풀이하는 것이 고작이다. 제 땅에서 난 제 것을 먹고 사는 것이 당연하고 모든 동물도 환경의 동물이며 사람도 예외가 될 수 없지만 자급자족이 점점 어려워지니 내가 원하는 농산물을 구하기가 쉽지 않다.

"이거 진짜요?"하고 물으면 다들 진짜라고 한다. 원산지 표시를 아무리 해도 소용이 없다. 가짜 진짜를 나란히 놓고 파는데 어떻게 믿고 살지 그것이 고민이다.

"걱정 말라고요. 우리는 진짜만 취급한다고요. 신토불이 우리 땅에서 나는 우리 농산물이라 무공해라고요!"

둘도 아니고 하나뿐인 우리 농산물을 거짓 없이 재배한다면 아무리 비싸도 먹을 사람은 많을 텐데 수요를 따르지 못하니…. 섞어 팔기 그것쯤은 그래도 양반이다. 아예 가짜를 진짜라고 팔아도 잘들 사서 먹고 산다. 이렇게 속이면 안 되지만 속이고 또 속는다.

그런데 신토불이 우리 농산물이라고 다 좋은 것이 아니다. 제철에 생산되는 자연식품을 원한다. 인위적으로 환경을 변화시켜 재배된 농축산물이 과연 우리 몸에 유익한 농산물일까? 한번쯤 생각해보자. 과거에는 생각지도 못한 옛날 동화 속 이야기에서나 나올 법한 일들이 현실로 이루어지고 있다.

한겨울 눈 속에서 아까운 수입연료를 사용해서 생산되는 채소나 과일이 신기하고 귀할 수 있고 일시적으로 삶을 풍요롭게 할 수 있다. 하지만 자연을 거역하는 생산 활동은 난방이라는 원천이 제거되면 무(無)로 돌아가게 되어 피치 못할 부작용이 일어나는 것이 자명한 이치이다.

고금다소사(古今多少事)라는 말이 있듯이 예부터 지금까지 많은 일들을 지켜보며 겪어왔다. 우리는 우리 풍토에 맞는 생활방식을 택해야 한다. 우리 속담에 "뱁새가 황새를 흉내 내다가 가랑이가 찢어진다"라는 말이 있듯이 무조건 남을 흉내 내서는 안 될 것이다. 그러나 새로운 문물이나 기술도 우리에게 적합하게 만들어 토착화(土着化)한다면 신토불이라 할 수 있다.

우리가 새로운 문물을 들여와 우리 것으로 만든 것들이 많다. 그것들 중에는 유익한 것도 많지만 간혹 많은 피해를 주는 것도 있으니 뒤돌아보자. 후회할 일이나 그냥 웃어넘길 일들도 있지만 그래도 훗날 이야기할 때 '그래도 그때 그렇게라도 했으니…' 하고 참은 것을 다행으로 아는 다소나마 위안의 여운이 남는 역사적인 일들도 많이 경험한 우리들이다.

'다소(多少)'라는 말은 많지도 적지도 않다는 애매한 말로써 결단성이 없는 말을 주고받는 오늘의 외교정책에서 자주 쓰이는 말 같다. 하지만 많은 뜻을 내포한 듯 겹치지도 않고, 도량이 넓으면서도 약간의 여유 정도가 숨겨져 있는 듯해서 사용하기 쉽지만 어려운 말인 것 같다.

"고려해보겠다, 희망한다, 유감이다"라는 말로 확실한 대안도 없이 공약을 강행함으로 인해서 시작만 있고 끝이 불분명하여 국력만 낭비하는 생색내기 행정은 이제는 그만해야 한다. 얼굴색도 변하지 않는 파렴치한 정치는 더 이상 국민이 용납하지 않는다.

우리 국민의 민도는 과거와는 판이하게 다르다. 대개의 국민은 지금 정치하는 사람보다 수준이 위일 수도 있다는 것을 염두에 두고 함부로 국민을 우롱할 수 없다는 것을 알아야 한다.

"송구(悚懼)하다, 죄송(罪悚)하다, 내 책임이다"하는 사과는 지도자들이 할 말이 아니다. 국가라는 거대한 나라를 운영하는 데는 절대로 실수는 없어야 하지만 신이 아니니 작은 실수는 용납하고 산다.

실수는 과욕이라는 욕심에서 오는 것이다. 국민의 목소리에 귀를 기울이면 국민의 마음을 알 수 있는 것이다. 민심(民心)은 천심(天心)이라고 했다. 민심은 어디까지나 반대하기 위한 반대는 하지 않는다. 그러한 것은 정적(政敵)들이나 하는 정권다툼이며 극소수에 불가하니 민심이라는 여론에 귀담아들어야 한다.

"일거리 창출, 경제를 살린다, 수출을 증가시킨다, 외국자본을 유치한다"라고 하지만 외국자본은 내 돈이 아니다. 투자는 큰 이익을 보기 위해서 모험을 하는 도박이다. 경제원리는 논(論)할 수 없지만 투자해 놓고 이익금만 챙기고 떠나가는 철새들을 조심하여 격에 맞는 정책을 원한다.

격(格)에 맞는 일처리를 하자. 격이란 바르게 대적하며 사람과 사람끼리 대등한 위치에서 대등한 생각을 가지고 살아야 평등(平等)한 것이다. 격에 맞는 배우자, 격에 맞는 친구를 원하는 것같이 우리의 정치지도자들도 우리의 격에 맞아야 격조 높은 행복한 나라를 만들 수 있지 않을까.

촛불시위에 남녀노소는 물론 학생들까지 참석한 것은 과거와 달리 부풀려서 꾀고 선동(煽動)하여 집회를 종용(慫慂)하는 동원이 아니라 대게 자발적 의사로 참석한 인파가 많은 것 같은 느낌이 든다. 집단이익보다 국민들의 건강을 보장하라는 시위인 것 같은 응구첩대(應口輒對)라고나 할까. 물음에 응하여 스스로 거침없이 대처하기 위한 움직임인 것 같다.

과거의 다툼은 자신의 이익만을 고집하여 성급함을 다스리지 못하는 데서 오는 불법집회도 종종 있었던 것을 알아야 한다. 이제는 어리석게 괴담유포나 선동으로 군중심리에 휩쓸려서 동원되는 집회는 문화시민이 할 일이 아니다.

평화시위는 문화시민만이 할 수 있는 의사반영이다. 더 이상 시민의 눈살을 찌푸리는 불법집회는 사양하지만 평화적 촛불시위로 끝날 수 있도록 당국이나 단체가 협력해야 가능할 일이며, 정치도 국민도 다같이 믿는 사회를 원한다.

격조 높은 사람이 격조 높은 사람을 알아보지만 격이 떨어지는 사람은 상대를 이해하지 못하니 사귐이나 신뢰가 오래 가지 못한다. 신뢰(信賴)는 선행(善行)하는 사람에게서 풍겨나는 자연현상이다. 선행하는 사람에게는 하늘이 복을 내린다고 했다. 비행을 일삼는 사람은 반드시 화(禍)를 당하게 된다.

사람의 운명은 정해진 것이라고 하지만 그렇지 않다. 스스로 하기에 따라 결정지어지는 것이다. 모든 운명도 시세(時世)에 좌우된다고 하지만 다 그런 것만도 아니니다.

불우하다고 비관하지 말고 권력을 얻었다고 함부로 뽐내지 말아야 한다. 행도 불행도 그리 오래가지 않고 교체(交替)되어 가는 것이다. 교체는 자연스럽게 이루어져야 한다. 강압이나 강제는 반드시 부작용을 동반하게 된다.

발치(拔齒)나 보철(補綴)이란 치아를 뽑아내고 보수하고 심고 꿰매어 새로 고치는 것이다. 치아뿐 아니라 모든 것도 마찬가지다. 원형에 문제가 생기면 아깝지만 뽑아내고 새로운 것으로 갈아끼워야 제 기능을 하게 된다. 이런 것을 치과에서 임플란트라는 인공보철로 치아를 새로 심는다고 한다. 아무리 기술이 발달했어도 인공의 외모는 보기 좋게 다듬어 원래보다 월등하게 만들 수 있지만 성능만은 자연치아의 역할을 다하지 못한다.

그러나 병들어 못쓰게 된 것을 그대로 방치해서도 안 된다. 이럴 때 쓰이는 고사성어가 온고이지신(溫故而知新)이다. 옛것을 익혀서 미루어 새것을 알자. 낡아 사용할 수 없는 것은 교체해야 하지만 자연 그대로 두어야 할 것은 가꾸고 아껴야 한다.

요사이 전국을 뒤숭숭하게 만드는 대운하 논쟁으로 많이 소란하다. 우선 편리하게 살기 위한다는 명목으로 자연을 파헤쳐 놓고 보면 원형은 영영 사라지는 것이다.

개발은 잠시 편리함과 새로운 볼거리도 생기고 인공의 아름다

운 풍경을 제공할 수 있지만 애초의 그것은 영영 없어지는 것이다. 환경은 한 번 파괴하면 원형으로 되돌릴 수 없는 것이니 신중을 기해야 한다. 조급함으로 애물단지 졸작(拙作)품을 탄생시켜 놓고 '원형 그대로가 좋았을걸!'하고 후회해도 복원한다는 것은 거의 불가능하다는 것을 염두에 둔다면 해답은 있다.

패군지장(敗軍之將) 불가이언용(不可而言勇)이다. 패한 군대의 장수가 용감했다고 말할 수 없다.

경제를 살리는 것이 급선무지만 무분별한 수입도 하고 환경을 파괴하면서까지 잘 살려고 해봤자 제 살 깎아 먹는 꼴이다. 잘하려고 했지만 이루지 못한 것은 잠깐의 실수지만 알면서도 저지른 것은 큰 실수이다. 실수를 감추려고 고집하다간 큰 것을 그르치게 되는 것을 많이 보고 살았다.

이제는 같은 실수를 되풀이하지 말고 용감하면서도 지혜가 있고 덕을 겸비한 정부를 원한다. 정부는 국민의 지붕이다. 지붕이 부실하면 밤새 내리는 비를 피할 수가 없다. 과거 우리의 정치사는 시끄럽지 않은 날이 없었다. 그래서 눈도 감고 귀도 막고 마음으로만 보고 들으면서 알면서도 모르는 척 숨어서 낙서만 하였다.

이제는 이런 것들에 대해서 말도 하고 화도 낼 수도 있는 국민들의 말에 귀 기울이는 정치를 바란다.

시이불견(視而不見)

마음이 다른 곳에 있으니 보고 있어도 눈에 들어오지 않는다. 비둘기란 놈이 나뭇가지에 앉아 있지만 마음은 콩밭에 가 있다는 말과 같은 뜻이다.

시찰 견학하고 배워오기 위해 떠난 해외여행이 또 말썽을 부렸다. 외유성 해외출장, 그렇게 당하고도 또 문제를 일으켰으니 공기업 임원님들 시찰이나 자료수집이 목적이라더니 관광을 목적으로 즐기다 오다니 뭘 몰라도 한참 모르는 분들인 것 같다.

모르면 신문 좀 읽어보았다면 이런 추태는 없었을 것을….

신문을 읽어야 유식해진다고 한다. 뉴스에서 광고란까지 유익한 것이 고루 들어있다. 보고 배울 것, 그리고 삼가야 할 것 등 없는 것이 없는데, 대충 보니까 못된 것만 보고 꼭 볼 것은 외면하니 이런 현상이 일어나는 것이다.

금기서화(琴棋書畵)는 거문고와 바둑, 글과 그림을 뜻하는 문

인들의 대표적인 인품을 표현하는 말로 고상한 취미로 여긴다는 것이다. 금기시주(琴碁詩酒)나 기주(棋酒)는 문인들의 풍류생활을 말하는 것이며, 심금(心琴)을 울린다고 하면 외부의 자극에 미묘하게 움직이는 마음이다. 거문고나 바둑에 뛰어난 사람은 악보(樂譜)나 기보(棋譜)에 연연하지 않는다는 통달한 재능을 말한다.

광우병으로 하도 공방들을 하니 쇠고기는 비싸서 못 먹어도 혹시나 고기 먹는 부자들과 어울려 살아가니 전염될 것 같아 걱정된다. 미국 인구 3억 명이 먹고 세계 백여 개국이 즐겨 먹는다고 하는 쇠고기가 남아돌아서 팔 곳이 없어 난리들이니 부자나라인 것은 틀림이 없지만 그래도 광우병이 무서우니 조심하자.

집회나 선동, 괴담 같은 것은 이제 자제하자. 할 말을 하지 말자는 것이 아니라 다들 알고 있는데 너무 과민반응을 일으키는 것 같다. 이러다가 대모 천국으로 변할까 걱정이다. 친이든 반이든 보수다 진보다 하는 이슈 같은 것으로 무조건 감정싸움만 하지 말고 차분하게 대화로 풀 수는 없을까.

요사이 듣기가 거북한 말들이 난무한다. 반미, 친북이라는 말들은 깨나 듣기 싫은 어휘이다. 과거 색깔론으로 갈등을 빚을 때 정권을 차지한 사람들이 이런 저러한 명목으로 사용하던 흉측한 어구(語句)이다. 그러니 찬도 반도 아니지만 거부반응을 일으킨다고 해서 과거에 많은 곤욕을 치른 것 같다라고 할지 모르지만 이제는 친미도 친일도 더군다나 친북이라는 말은 사용하지 말자.

왜 그들과 억지로 친하려고 하는가. 이제 동등한 위치에서 그들이 잘하면 보조를 맞추면 된다. 친한 것은 잘못일 수 없지만 오해받을 친함은 삼가야 한다. 아직 그들과 친하기는 시기상조가 아닐까 하지만 그들을 이해하기에 너무 깊은 상처가 남아있다. 아직 때가 아닌 것은 관망하자.

핵을 포기하고 인권유린이 없어질 때 폭력과 거짓이 없다면 누구와도 친하게 지내는 것이 진정한 평화이다. 우리는 우리의 사명감이 있다. 주체사상 그것이 무엇인지 모른다. 알 필요도 없다. 주체는 누구를 지칭하고 누구를 뜻하는 것인가. 먹고살기 힘든 그들이 자본주의에 적응하려면 많이 힘들어 할 것이다. 탈북자든 추방당한 자든 그들을 어떻게 구제할 것인가 고심을 좀 하자. 앞으로 점점 늘어날 난민들, 우리도 이웃도 그들 때문에 신경 쓸 일이 너무 많으니 우리 자신부터 추스르며 살자.

자신(自信)을 가지고 사는 것은 자신(自身)을 아는 것, 그것은 참다운 사람이다. 자애(自愛)란 나를 사랑하는 것이다. 나를 자랑한다 하니 나만을 아는 이기주의자가 되라는 것이 아니라 나를 생각하듯이 남의 입장도 생각하자는 '자지(自知), 자애(自愛)'의 뜻으로 나를 생각하듯 곤경에 처한 사람을 도와줄 줄 아는 자애(慈愛)를 갖자는 것이다. 남을 도울 줄 모르면 내가 곤궁에 빠진다 해도 도움을 얻지 못한다. 여유 있을 때 돕겠다는 것은 돕는

것이 아니다. 도와주더라도 고마움을 알고 자립할 수 있을 때만 도와주자.

바른길은 스승이나 친구에게서 배우는 것만도 아니다. 스스로 베풀고자 하는 생각이 일어나는 것을 자애라 할 수 있을 것이다. 우리는 서양인보다 동양인을 좋아한다. 아시아인보다 우리나라, 우리 고장, 이웃사촌… 하지만 그래도 우리 집이나 내 가족이다. 그러나 내 위주는 독선이니 남도 생각할 줄 아는 여유를 좀 가지고 우리를 이끌어준 숭고한 분들을 생각해보자.

장렬천추(壯烈千秋)는 숭고한 뜻을 영원히 기린다는 말이다. 장렬은 기상이 굳세고 강인하다는 뜻으로 우리의 선조들은 이런 기상을 지닌 분들이 많았다. 그분들의 숭고한 정신이 오늘의 역사를 이끌어 왔으며 또한 영원히 이어갈 것이다.

우리 정치인들도 돈 많은 사람들이 정치를 하니 돈은 더 이상 탐하지 않을 것 같다. 돈이 필요 없으니 참신한 정치만 한다면 부정부패는 없을 것 같지만 공직자가 정말 공복(公僕)이 되나 두고 볼 일이다.

공직자가 농사일을 하는 것을 탓할 일이 아니다. 여가를 이용해서 논밭을 능력대로 가꾸는 것을 자경(自耕)이라 할 수 있지만 농토를 구입하고도 농사를 짓지 않고 다음에 낙향(落鄕)하여 농사를 지으려고 구입한 농토라 한다. 위장 전입하여 거짓으로 농지

증명을 만들어 아들손자 명의로 등기했다면 투기가 성립되는 것이거늘, 촌초심(寸草心)이라고 누가 말할 수 있는가.

한 치밖에 안 되는 사람의 마음을 뒤늦게 알고 해명한들 그것이 "한 치밖에 안 되는 풀같이 어린 마음으로 춘삼월 햇볕 같은 어머니의 은혜를 보답하기 어렵다"라는 구절이 있는데, 자식을 생각하는 부모의 마음인지 작디작은 효심을 뜻하는 자식의 마음으로 생각하는 뜻인지 해석하기 거북할 뿐이다.

난의포식(暖衣飽食)이라 했다. 따스하게 옷을 입고 배부르게 먹으니 이런 것을 사치스러운 것으로 알았으면 하지만 자식들을 향한 부모의 욕심이 오히려 후손들에게 누가 될 줄 몰랐으니 과하면 넘어진다 했는데 복이 화가 되니 '전복위화(轉福爲禍)'이다.

몸 따로 마음 따로 그리고 생각마저 따로따로이다 보니 있는 것도 보이지 않고 보고도 모른다.

지나고 나서 후회할 일 없도록 바른 정치를 바란다.

마음의 창

마음으로 듣고 눈으로 말하자. 그리고 머리로 생각하면 보인다는 것을 알았다. 눈은 마음의 창이라고도 하고 거울이라고 한다. 귀로 듣고 입으로 말하는 것이 정상인의 대화이며 의사소통이라고 한다.

언제부턴가 사람이 사람의 말을 신용할 수 없어졌는지 백문(百聞)이 불여일견(不如一見)이라는 말이 생겨났다. 백 번 들어도 한 번 보는 것만 못하다고 하여 두 눈으로 확인해야 한다니 사람의 말을 신용 못한다는 말도 되고, 또한 아무리 말로 설명해도 이해할 수 없을 때 한 번 보는 것이 더 효과적이라는 말도 된다.

그러나 전자든 후자든 사람이 사람 말을 듣고 그 말을 믿지 못한다는 뜻이 담긴 것 같으니 '말로만 하는 말'을 아주 실감나게 비평하는 말인 것 같다.

양두구육(羊頭狗肉)이라는 고사성어가 지금의 현실을 경고하기 위해 만들어진 것이 사실인지 한우만 전문으로 취급한다는 간판을 내걸고 수입고기를 섞어 팔고 있으니 백 번 보아도 알 길이 없다. 이제는 직접 본다는 것도 눈 뜬 장님일 뿐이니 '마음으로 보고 눈으로 말하자. 그리고 머리에 떠오르는 것, 그것이 머릿속으로 보는 것이다'라는 것이 내 주장이지만 머릿속에서 보이는 그것도 언젠가는 변하지 않을까 하는 생각이 든다. 내가 바르게 본 것도 다를 수 있다고 생각하니 참으로 알 수 없는 갈등이 일고 내 마음 나도 모르니 마음의 창을 열어보자.

누가 마음속에서 사랑의 집을 짓는다. 작지만 행복한 집을 짓는다. 크고 화려한 것을 원하면서도 말로만 작고 아담하고 깨끗한 행복한 집을 짓자고 한다. 그 마음속에는 크고 많은 것이 담겨 있으면서 '생각 따로, 말 따로'이다. 이런 아이러니한 말을 나도 하고 있으니 마음속에 그것이 녹아 있는 것쯤은 쉽사리 알 수 있는 것이다.

무지를 가장해서 역으로 상대의 무지(無知)를 깨우치려고 하는 '소크라테스 변론'의 방법론인가. 생각 따로 말 따로 종잡을 수 없는 말들로 대화가 오가니 보조를 맞춰 가며 더불어 살아가기가 힘든 세상이다.

나이가 찬 미혼 남녀의 억지춘향이라는 변명을 들어보자. 부모의 애타는 마음은 아랑곳하지 않고 혼기를 놓치고서 "이상형이 아니다, 왜 결혼을 해, 홀가분히 살지"라며 딴청부리는 속마음을 알

수가 없다. 결혼은 하고 싶은데 상대가 없으니 체념인지 기피인지 자존심 때문인지…. 쓸 만한 정품 다 놓치고 그래도 할 말이 남았는지 40세를 청춘으로 착각하며 유명 메이커가 아니면 안 된다는 말만 하니, 모자란 것도 모르는 착각 속에서 활보하는 신세대들이다.

"결혼은 사랑과 행복이 아니다. 나는 자유롭고 싶다. 좀 더 알아보고 좀 더 생각해 보고…."

하지만 아무리 찾아봐도 이 세상에는 진품이 동이 난 것이 아니라 완전무결한 진품은 존재하지 않는다는 것도 모르면서 그것을 찾으려 한다.

연목구어(緣木求魚)는 나무에 올라가 물고기를 구한다는 말이다. 구하려는 것은 아무 곳에서나 구할 수 없는 것이다. 승산채주(升山採珠), 산에 올라가 진주를 찾는다라는 뜻을 기억하여 분수 있는 삶을 살자.

조자지공(釣者之恭) 비위사야(非爲賜也), 낚시꾼이 공손한(사근사근한) 것은 물고기에게 먹이를 주기 위해서가 아니다. 유인하여 물고기를 얻기 위해서 그런 줄도 모르며 덥석 물고 난 후 후회해도 소용없다.

이런 진리는 동서고금을 통해 많은 현인들이 남겨놓아 알고 있지만 실천하지 않는다. 진리란 마음속에 잠재하고 있는 바른 것이다. 진짜란 내가 믿으면 진짜가 되는 것, 골라봤자 도토리 키 재기 같은 것, 고르다 늦어지면 늦을수록 손해를 본다.

갈등도 겪고 후회도 하면서 사는 것이 결혼이라고들 한다. 사랑이나 행복은 가꾸고 지키지 않으면 잠깐 왔다가 가는 것이다. 갈등과 후회를 겪어야 사랑이나 행복이 무엇인지 알 수 있다.

실망했다, 후회한다 하면서 살아가는 것이 사람과 사람의 사이라는 것을 알아야 한다. 좋고 그른 것은 지내봐야 알 수 있다. 힘든 시기를 지나고 나서 "그래도 그때가…"라고 한다면 그래도 성공한 삶이며 추억이라고 자랑할 수 있는 반쯤은 성공한 삶이다.

마음고생이 많은 부질없는 삶이라고 하다 보니 황혼(黃昏)이 오고 마는 것이 인생이라는 것을 알아야 한다. 젊었을 때는 근심걱정의 고통이 생기면 투덜대기도 하고 세상이나 주위사람들을 원망도 하지만 늙으면 조용히 생각만으로 자제할 능력이 생기는 것이다.

귀여운 덧니같이 보기 좋은 것도 있고 잘못 나 흉하다고 드라큘라라는 표현도 하지만 그렇다고 뽑지 말자. 귀여워 보이지 않아도 그대로의 역할을 충분히 하고 있으니 고맙게 여기고 필요 없는 사랑니는 아깝다고 두지 말자. 덧니는 바르게 나 바르게 자라야 하지만 잘못 났으면 교정하여 바로 잡으면 보기 좋아진다. 사랑니는 나지 않아야 하는 것이 더 나으니 뽑는 것이 당연하다. 버릴 것은 가차 없이 버리고 버려서 안 될 것은 절대 버리면 안 된다.

아름다운 덧니 같은 첫사랑이 싫증난다고 발치(拔齒)하고 새로 심는다고 영구치가 될 수 없다. 주어진 대로 가꾸며 살자.

조명(釣名)이라는 단어가 생각난다. 수단과 방법을 가리지 않고 거짓을 꾸며 명예를 얻는 것을 의미한다. 낚시질하듯 하여 얻은 명예는 영원할 수 없다. 영원한 사랑, 영원한 우정을 꿈꾸지만 그것이 처음처럼 변함없이 계속될 수 있을까.

애욕, 자애, 모성애, 우애와 같은 사랑이 진실인가 욕심인가. 충격적인 취함만 있고 베풂이 없다면 오래가지 못한다.

'마음의 감옥'이라는 말이 생각난다. 마음속에 높은 담을 쌓고 갇혀있지 말고 마음의 창문을 활짝 열고 고루한 생각은 떨쳐버리자. 그러면 보인다. 바른 것들이….

고목에 핀 꽃

고목에 핀 꽃은 아름답지도 않지만 빨리 시든다고 한다. 꽃에는 달콤한 꿀 향기가 있어야 벌 나비가 날아들기 마련인데 인간의 나무는 꿀과 달콤한 사랑과 아름다운 마음씨보다는 풍부한 힘을 원하는 것 같다.

힘이란 능력이다. 잘살게 하는 힘을 돈으로 평가하고 있다. 사랑이 밥 먹여주지 않는다. 힘이란 금력을 갖춘 부를 말하기 때문에 부를 가진 자는 그 힘을 이용하여 꽃을 희롱하기도 하지만 화려한 꽃도 역시 벌 나비를 많이 불러들여 진한 향기에 취하게 한다. 아무리 강력한 침(針)을 가진 왕벌이나 호랑나비라도 그 유혹의 마수에 걸려들면 맥을 못 추고 빠져들기 마련이다. 꽃 속에 향기로 위장한 마취제가 섞여 있는지 그 향기로운 독소에 서서히 취하게 되면 중독이 되어 헤어나지 못하고 마는 것 같다.

그 향기에 취해 급기야 꽃가루를 흠씬 뒤집어쓴 몰골로 사나운

만신창이가 된 뒤에야 더렵혀졌다는 것을 알았을 때 이미 꽃도 시들고 패기에 찼던 왕벌의 위용도 꼬리를 내린 패자의 신세로 전락하고 만다. 아름다운 열매를 기대하나 이 꽃, 저 꽃, 이 벌, 저 나비를 탐하다 보면 결국 알찬 결실을 맺지 못하게 된다.

새로운 꽃이 피어나는 봄이지만 봄을 모르고 고목이 되어 시들어 맥이 빠진 꽃이나 벌 나비들은 새로운 세계를 후대의 몫으로 물려주고 조용히 시들기를 바라는 것이 순리이다. 이러한 것을 잘 알고 있는 정년(停年) 퇴임자들은 많은 경험으로 도가 텄다고 생활의 달인(達人)이라 하지만 앞만 보고 살아왔다면 생의 길이 얽히고 설킨 무수한 샛길이 있다는 것을 알 리가 없다. 달인이란 이치에 통달한 사람이어야 한다. 막힘이 없이 탁 트인 길과 같이 궁핍하거나 족하거나 상관없이 언제나 즐길 줄 알아야 한다.

"그래, 이제는 이 길도 가보고 저 길도 가보자. 새로운 것도 보고 즐기며 살자. 인생은 60부터이다"라는 말로 부추겨 유혹하는 곳이 너무나도 많다.

퇴직 후 처음 맛보는 호젓함을 누리려고 혈혈단신(孑孑單身)으로 여행을 떠나기도 하고, 노인정이나 복지회관에서 이 친구 저 친구도 사귀며, 식당가 유흥업소에도 드나들며 노래방의 도우미들과 어울려서 방탕한 것은 아니지만 아주 색다른 삶을 살아보기도 한다.

'일도회(一到會)'는 정신일도 하사불성(精神一到何事不成)

이라는 일도(一到)의 뜻을 따서 오로지 처음과 같이 빈틈없이 살자는 명칭이다. 동지회니 동우회니 흔히들 말하는 계모임이라는 모임도 새로 만들어 적극적으로 쫓아다닌다.

중국 남송(南宋)시대에 주자와 문인 사이에 행해진 문답의 기록을 간추려 모은 '주자어류(朱子語類)'라는 책에 '정신을 집중하여 노력하면 어려운 일이라도 성취할 수 있다'는 말이 있다. 정신을 집중하자라며 즐겨 쓰기도 했지만 마음속 생각들이나 머리의 지식들도 이제는 말을 해도 귀 기울여줄 사람도 없다.

모든 것을 다 잃은 노병(老兵)들이 늙었다고 포기하는 체하지만 과거 화려한 경력을 과시하다가도 차츰 품위라는 것도 퇴색해지면서 현실에 뒤떨어진 길을 갈 수밖에 없다.

다같이 늙어가지만 각기 전공이 다르고 성격도 다른 사람들의 모임이어서 사고방식이 다르니 이들이 겪어가는 퇴직 후 생활상 또한 같을 리가 없다. 그러다 보니 일도(一到)도 하나가 되지 않으니 다음 달부터는 좀 더 진취적(進取的)이고 뜻있는 모임이 되도록 노력하자며 매월 다시 만나지만 그날이 그날이고 별 진전 없이 다시 만나게 된다.

"나는 이래봬도 최고학부, 그것도 영문학 석사 출신인데…"하며 우쭐대는 친구나 공직에서 국장으로 퇴임한 친구나 말이 많고 너무 아는 체한다고 면박을 받지만 안하무인이다.

"네가 알면 얼마나 안다고!"하며 점잖게 핀잔으로 일침을 가하

는 친구가 있기 마련이고, 그러다 보면 시끄러워지면서 각자 한마디씩 아는 체한다.

요즘 도의가 땅에 떨어졌고 사회악이 만연한 연유라고 한탄하며 그냥 있을 수 없다는 듯이 중구난방(衆口難防) 거들다보면 나도 뒤질 수 없다는 듯이 무슨 말이든지 힘주어 역설하려 하지만 이야기는 다시 원점에서 맴돌 뿐이다. 새로운 도약도 없는 넋두리로 아무런 결정도 결론도 없는 각자의 길만 있을 뿐이다.

일념통암(一念通巖)이라는 말대로 하나만을 생각하며 매진하여 바윗돌이라도 꿰뚫으려던 패기도 사라진 지 오래이다. 우리말도 다 배우지 못하고 늙은 주제에 생활의 달인이라고 큰소리도 쳤지만 손자들과 같이 보는 TV프로에서 우리말 달인으로 출전한 정년퇴임한 국어교사도 낙방했는데….

"우리 다같이 반성합시다. 쥐뿔도 모르면서 쥐를 논할 수 없으니 말 좀 삼갑시다"하는 반성의 목소리도 튀어나온다.

만물의 영장이지만 그 생명의 근원도 모르면서 내가 제일이라고 큰소리치지 말자. 우리도 처음 태어날 때는 무에서 시작했다. 살아오는 과정에서 자연히 환경에 따라 변해가는 것이 삶이다. 그러니 시대의 흐름에 따라야 한다.

이런 것이 인생의 뒤풀이라는 것인지, "그래도 바쁘게 돌아가는 세상, 이렇게 여유로우니 동양화나 감상하세!" 하며 의견일치가 되면 방석이 깔리고 동양화가 펼쳐지기 마련이다.

새로 술상이 차려지고 맥주에 마른안주가 나온다. 술잔이 돌고 "고! 고!"를 소리쳐 봐도 1등도 2등도 없는 그저 패자만 남게 되니 잠을 설치고 몸도 마음도 피로해져서 각자의 집으로 돌아가야 하는 것이 퇴임자들의 모임인 일도회도 마찬가지이다.

그 '고'라는 것을 우리 놀이문화로 착각하는 것인지 건전하지 못하다 하면서도 그 속에 빠져들기 마련이다. 그렇게 한탄도 하지만 새로운 유혹에서 그리 쉽게 벗어나기 어려운 것이 인간의 심리이다. 매달 나오는 연금으로 무위도식하며 맹목적인 즐김에 염증을 느끼며 하루를 소비한다.

다음 달엔 관광코스로 무박 2일의 여행을 간다고 한다. 매일 출발하는 관광버스의 행렬들이 대기 중이다. 원색의 나들이옷에 간편한 등산복 차림의 많은 인파가 모여서 각기 대기 중인 버스에 편승하면 어디론지 떠난다. 그들의 행선지는 알 필요도 없지만 의심스럽다는 생각을 하면서도 그런 곳으로도 빨려 들어가고 있다.

매일 있다시피 하는 '묻지마 관광'이라고 하는 이색용어가 생겨난 곳으로 무박 2일 여행도 해보았고 적은 교통비로 식사에 음료까지 제공받는 관광코스도 다녀본다.

'산악회 산업시설방문'이라는 명목상 아주 건전한 서비스 차원이니 힘찬 출발을 한다. 처음 만나는 사람이 대부분이지만 일단 출발하고 나면 아주 가까운 사이로 변한다. 처음 본 남녀가 뒤섞

여 잘들 어울리는 것을 보면 직장생활을 하던 그곳은 조롱(鳥籠) 속이나 다름없었다고 후회도 해본다.

섞임이 점점 지나치니 혼탁한 분위기가 시끄러운 음향에 뒤섞여 아무런 체면도 죄책감이라는 것도 상실한 향음과 쾌락…. 그저 즐거움만을 위하여 세상에 태어난 사람으로 변하게 된다. 지금 마시고 있는 음료와 식사는 누가 제공한 것인가를 알려고 하지도 알 필요도 없다는 듯이 마구 즐기면 된다.

'세상 사는 것이 이런 것이구나!' 했지만 오늘도 그것이 아니었다. 식사는 OO기업 사장이 서비스한 것이며 다음 방문할 곳은 OO사업체를 견학시켜준단다. 공장을 둘러보고 기념품도 주며 상품을 선전하는 것으로써 관광은 그저 통과의례일 뿐이다.

이런 관광버스가 매일 출발하는데 적은 돈으로 하루를 유쾌하게 보낼 수 있으니 좋다고 하는 친구들도 많다. 그리고 싼 값으로 건강식품이나 생활용품도 공장도 가격으로 사고 선물도 받을 수 있으니 이런 기회를 놓치면 후회한다고 그들은 말한다. 그러나 대부분 싸다고 사가지고 온 물건들 때문에 곤혹을 치르기 일쑤이고 보면 즐거운 관광이 후회스러울 때가 더 많은 싸구려 관광이 되기도 한다.

한편, 꾼들은 이런 기회를 활용하여 새로운 놀이를 만들기도 한다. "오늘 선생님을 만난 것은 행운입니다. 다음 조용한 곳에서 뵙고 싶습니다"라든지 노골적으로 "다음에 우리 조용한 곳에서 만

납시다"하며 연락처를 교환한다. 하지만 그들의 만남이 이루어졌는지 무슨 거래가 오갔는지 알 필요도 없지만 하루의 놀이로 부족하여 도착 후 2차에서 흥미로운 여흥은 으레 노래방이다. 노래방은 가족들과 스트레스를 풀기에 아주 좋은 곳이다. 그러나 때로는 탈선의 장소가 되기도 하는 곳이라는 것도 알았다.

노래방 도우미 아줌마와 아저씨들의 막춤에다 악에 가까운 교성과 몸부림, 이리 밀치고 저리 휩쓸리는 어지러운 광란의 무도장에서 소외된 자들의 추한 몰골은 그저 손 한번 잡아 보고파 하지만 잡아준 그 손이 마수가 되기도 한다. 그래도 그들은 할 말이 있다는 듯 그 꼬락서니에 자존심을 내세우며 떡 줄 사람은 마음에도 없는데 자기를 외면하면 불쾌한 심기를 달래보려고 '내 취향이 아니다'라고 억지도 부리며 처량한 항변을 한다.

'좋아한다, 부담 없이 사귀어 보자'하는 거래는 그래도 가식이라도 좋게 들린다. 하지만 일단은 튕겨보고 눈치를 살피는 주가 올리기 작전, 그 뒤에는 과연 무엇이 도사라고 있는 것일까. 넘어가면 바보스럽고 넘어가지 않으려고 버티니 처량하게 따돌림을 당하기도 한다. 따돌림을 당해도 좋지만 징그럽고 흉물스러운 자들의 노리개로 전락하면 안 되겠다 싶어 돌아서지만 마음은 허전하다.

이런 허전한 것은 미련이 있어서가 아니라 심신(心身)이 쇠(衰)한 것이다. 늙었다는 쇠옹(衰翁)의 뜻은 '늙어 여위고 쇠약한

노인'을 높이는 말이지만 사옹이라 하여 도롱이를 걸친 노인을 칭하기도 하니 늙음이 초라한 것은 확실한 것 같다.

화홍이쇠사랑의(花紅易衰似郎意)
수류무한사농수(水流無限似儂愁),
붉었다가 쉬 시드는 꽃 그대 마음 닮았고요,
끝없이 흐르는 강 내 시름 닮았어요.

시들어 버린 남자의 애정에 속 태우는 여인의 마음을 노래한 시인 것 같다. 요즘 이런 시에 흥미를 느낄 사람은 아무도 없으니 조금 안다고 내놓을 곳이 아무데도 없이 혼자만의 앎일 뿐이다.

이제 점잖게 보이려고도 하지 말고 추하게도 살지 말자고 외쳐 보지만 나도 그들도 같이 늙어가면서 같은 현실 속에서 살아야 한다. 오늘도 친구와 단골식당에서 점심식사에 반주를 곁들이며 해 가는 줄 모르며 농도 하고 웃고 있지만 그래도 고목에 꽃이 피길 바라는 삶이다.

백두여신(白頭如新)

머리가 희끗희끗할 때까지 한평생을 살아온 사람, 이제는 그의 약점도 장점도 알려고 할 필요도 없다. 늘 새로 사귄 친구같이 함께 지낼 수밖에 없는 사람이 부부지간이라는 것을 알게 되면 그때 비로소 늙어 철이 들어간다고 하는 것 같다.

송림 속 개울가 바윗돌에 걸터앉아 흐르는 개울물에 발을 담그고 나란히 앉은 노부부가 있다. 너무 깨끗한 물이 더럽혀질까 조심스러운지 아무도 보는 이도 없고 평생을 같이 살았으니 얼굴 붉힐 일도 없을 테지만 그래도 쑥스러운지 고개를 돌려도 보고 옷매무새를 고치기도 한다. 주위에서 누가 볼까 조심스러운지 아니면 부부유별(夫婦有別)이라는 오륜지도 때문인지, 평생 함께 한 남녀 간의 사랑이지만 남에게 들키기 싫어하는 둘만의 비밀을 그대로 간직하고픈 마음에서일까.

자괴지심(自愧之心)의 스스로 부끄러워하는 마음을 염두에 두

지 않고 있지만 불상위(不相違)라는 말로 도리에 거슬리는 행위를 하여 남에게 좋지 못한 인상을 주어서는 안 된다는 성벽(性癖) 때문일 것 같다.

부부는 수질무성(雖疾無聲)이다. 좋을 때나 싫을 때나 괴로우나 즐거워도 액면 그대로 말하지 않는다. 성품이나 성격이라는 버릇도 사실대로 다 말해서도 안 된다. 가까울수록 예를 지켜야 진정한 품위가 있고 곱게 늙어갈 수 있다는 것을 알았다. 고장난명(孤掌難鳴)이라고 손바닥도 마주쳐야 소리가 난다. 아무리 순진한 소라 해도 조심해서 다루지 않으면 성난 황소로 변할 수 있으니 말이다.

가정이나 사회 그리고 국가라는 큰 테두리도 마찬가지다. 대중의 뜻에 거슬리지 말아야 좋은 정치지도자가 된다는 것을 아는 정치인을 과묵하다고 할 수 있다.

이런 생각을 하면서 퇴직 노부부가 된 나는 오늘도 한가한 팔자 좋은 할아버지인지 심산유곡(深山幽谷) 으슥한 곳으로 더위를 피해 바윗돌 위에 앉아 있으니 신선으로 착각하는지 마음은 하늘을 날 것 같다. 무성히 자란 송림의 늘어진 가지들을 꺾거나 자르지 않아서 자연적으로 둘러쳐진 휘장 속 아늑한 규방(閨房)과도 같은 섬돌 위에 앉았다. 뜨거운 햇살마저 엿볼 수 없는 계곡물에 담긴 새색시 적 곱디곱던 손, 잔주름투성이로 변한 것이 정말 안쓰럽지만 가는 세월 막을 길 없으니….

더 늙기 전에 옛정 많이 나누라는 조물주의 배려인지 아무도 오는 사람 없는 계곡에서 젊었을 적에 임과 함께 쉬었던 그곳을 다시 찾았다. 지나간 시름일랑 모두모두 토해내어 도랑물에 띄워 보내며, 과거에 모나고 꺼칠했던 마음의 갈등일랑 많은 세월 물에 닳고 닳아 둥글게 깎인 저 바윗돌같이 걸리고 막힐 것 없이 유수불식(流水不息)하듯 쉬지 않고 흘러가는 물처럼 흐르는 세월 따라 살아가려 한다.

계곡 좌우에 앙상하게 우거진 자작나무 숲에는 곱디고운 순백(純白)의 밋밋한 은색 줄기에 윤기가 감돈다.

백단(白緞), 백화(白樺)처럼 비단같이 아름다운 자작나무가 유난히 눈에 띈다. 나무 중 으뜸이라고도 하며 수중공주(樹中公主)라 불리는 나무이다.

활엽교목으로 북부지방 스웨덴, 폴란드, 소련 등지에서 많이 자생하는데 우리나라에도 많이 분포되어 있는 수피(樹皮)는 흰색으로 아주 친근감이 드는 나무로 재질이 단단하고 치밀하며 나무 자체가 아름답다.

특히 '나무(南舞) 하며 부처님에게 돌아가 의지한다'는 뜻으로 부처나 보살 앞에 붙여서 쓰는 '나무아미타불'을 뜻하는 말로 염불을 독경하는 소리가 은은히 들리는 산사 계곡이라 그런지 유난히 자작나무가 눈에 띈다.

떡갈나무와 잡목 우거진 틈으로 칡넝쿨 다래나무 줄기가 휘감겨 오르고 마른 고목나무가 썩어 넘어져 있다. 방치된 나무들이 서로 엉켜서 어지럽게 우거진 덩굴 위로 저절로 자란 노송만이 독야청청 푸르고 무성하다. 개울가 갈대밭은 산짐승들도 밟지 않았는지 세찬 비바람 속에서 너무 무성하게 자라 너울너울 엉클어져 있으니 스산한 한기를 느낀다. 물가에 앉아 김밥을 배불리 먹고 나니 한가로움이라는 것이 이런 것인가. 식곤증(食困症)이 몰려든다.

나른한 봄날 같은 착각이 드는 한여름 속 별천지에서 할 일도 없으니 좋아하는 자작나무 예찬론이나 해보자.

내가 그 나무를 좋아하게 된 것은 어려서 아버님과 함께 이른 봄이면 어김없이 이 나무의 즙(汁)을 채수하여 마셔본 적이 있다. 강장 기관지염에 좋은 약제라서 고로쇠 수액보다 좋다면서 수중공주(樹中公主)에 비교하시던 아버지가 자주 사용하시던 단어이다. 불그스레하고 달짝지근하여 향수를 느끼게 하는 나무를 보니 감회가 새로워지며 아버지 생각이 떠오른다.

그런데 그 나무로 인해 친구와 다툰 적이 있다. 동창모임에서 영문학을 공부한 친구와 술자리를 같이한 적이 있다. 그 자리에서 우연히 독주인 보드카를 마시게 되었는데 보드카 예찬론을 벌이다가 이 술은 아주 독한 술로 시베리아 추운지방 사람들이 즐겨 마시는 술로 증류하여 오크통 속에 저장하고 그 오크통을 자작나무로 만들었다고 하기도 하고 자작나무를 원료로 사용했다고 했다.

그렇다기에 나는 오크통은 주로 참나무로 만들고 보드카 원료는 보리, 호밀, 옥수수 따위의 맥아를 넣어 발효시킨 알코올을 자작나무 숯으로 탈취, 여과, 정제시켜 부드럽게 만든 술이라고 하다 보니 논쟁이 언쟁으로 변한 일이 있다.

작은 앎을 과시하려다 무식이 탄로 나고 그 무식을 탓하려다 보니 다같이 무식이 드러나고 만다. 확실치 않은 지식을 함부로 내세웠다가는 망신을 당할 수도 있다는 교훈을 가르쳐준 나무이기도 하다.

가르침을 교편(教鞭)이라고 해서 회초리를 잡고 매질을 해서라도 제자를 잘 가르칠 수 있다면 좋으련만 지금 교육은 매로써는 안 된다.

가르치는 것이 과거와 다른 것은 아니지만 교편은 일종의 직업으로 변한 지 오래이다. 일부 계층에서는 편리한 대로 가르치며 월급인 글세나 받아먹고 살자는 생각을 가진 것이 요즘 교편(教鞭)이 아닌가. 그러한 회초리의 가르침을 정당하다 여기지 않지만 편안하게 가르치는 것도 문제가 있는 것 같다.

회초리 하면 회화나무가 생각난다. 산촌 뒤뜰에는 회화나무 회초리가 무성하게 자랐다. 이른 봄이면 파란 줄기에 노란 꽃망울을 피우는 나무, 그것이 '회초리 편'자의 대명사로 어사화라 하여

옛날 과거에 장원급제한 사람의 갓에 달아준 것도 회화나무 가지이고 보면 가르침에는 편안함보다 회초리가 필요할 때도 있는 듯하다.

그뿐이 아니다. 서양에서도 회초리 하면 자작나무가 제격인 것이 사실인 모양이다. 영어로 흰색, 은백색 나무를 White, silver birch 혹은 Paper birch라고 한다.

"그 사람은 자작나무 회초리로 노예를 때렸다(The man switched the slave with a white birch)"라는 문장이 생각나게 하는 희고 은백색의 종이나무라 하니 정말로 수중(樹中)공주답게 아름다운 나무라 생각된다.

위풍당당(威風堂堂)하던 젊음은 갔다. 그 당당함은 오간데 없는 한때의 영화롭던 꿈같지만 오늘도 산촌에서 나란히 그리고 아주 조용히 머물면서 교만한 생각을 버리고 방황하지 말고 삶에 감사하는 마음으로 사는 것이 한가로움이라 여기고 살자.

심상사성(心想事成)은 금강경에 나오는 말로 마음먹은 대로 일들이 이루어진다는 뜻으로, "무쟁삼매(無諍三昧)를 깨달으면 새로운 세계가 열립니다"라고 산사에서 주지스님이 들려준 말이 생각난다. 오늘의 삶을 고맙게 느끼고 있는 것은 고령화의 혜택도 받지 못하고 어제 죽어간 동료들보다 오늘이라는 하루를 더 사는 것이 고마울 뿐이다. 한때 왕성하던 젊음의 패기와 경제력도 정년퇴임으로 점점 기울더니 몇 년도 되지 않아 지난날의 화려한 꿈의 역사를 이룸도 없이 이렇게 끝을 내서는 안 된다는 생각뿐이다.

가버린 젊음의 임을 생각하건만 한번 가버린 임은 나 보기 싫다 하여 영영 가버리니 정녕 내 마음을 괴롭히려고 작정을 한 것인지 돌아올 줄 모른다.

금년이 고희라고 자식들이 관광여행도 준비하고 화려한 호텔에서 고희연을 연다고 한다. 술과 음식을 지천으로 차려놓은들 식욕도 사라지고 함께할 벗도 임도 마땅찮으니 마음 놓고 즐길 수 없는 것을 헛돈 낭비하지 말라 모두 거절했다.

화려한 잔칫상을 차려놓고도 과음하면 몸 해친다고 먹지 말라 하는 것은 술 취해 주정하고 과식하여 배탈 날까 그것이 귀찮아서 하는 핀잔인 줄 알고 있다.

화중지병(畵中之餠)이라 했다. 그림의 떡이라고 술안주가 진수성찬이라 한들 마음 놓고 즐길 수 없는 생일상을 차려준들 그것이 무슨 소용 있겠는가.

술이라는 임의 마음이 아직은 그립지만 좋은 곳을 찾아 정이라는 것이 옮겨 갔으니 가버린 젊음이란 간곡히 붙잡아도 소용없고 돌아올 리 없는 것, 미련 두지 말고 산수 개울가에 아내와 마주 앉아 오염되지 않은 물 한 모금 마시면서 모든 시름 식히리라 마음 먹고 만년(晩年)의 황혼을 보내려 한다.

"저녁밥 한입 적게 먹으면 아흔아홉까지 산다"는 말이 있다. 소

식하는 것은 건강을 위하는 것이라 하지만 욕심 중 가장 큰 욕심이 식욕인데 절주(節酒)하고 소식(小食)하기가 그리 쉽지 않다. 적게 먹고 건강하게 오래 살라는 말이 진정 노인을 위해 하는 말이 아니라 술에 취해 잔소리하는 것이 싫어서 그러는 것쯤은 모를 리 없다.

아직 노경(老境)은 아닌 것 같은데 매사 눈치 보며 살자니 만사가 마지못해 사는 것 같아 늙기도 서러운데 즐겨하는 술과 안주를 그나마 마음 편히 즐길 수 없으니 진정 마음이 괴롭다. 하지만 듣기 싫은 소리도 나를 생각하고 위해 주는 간곡한 청으로 알아듣고 가족들의 뜻에 따르기로 했다.

술도 취하도록 많이 마셔도 보고 사랑도 흠뻑 주고받으며 효(孝)도 누릴 만큼 누리고 산 것 같다.

임의 사랑 받는 것이 복이요, 주는 것은 사랑이다. 이런 것을 복에 겹다고 하는 것이다. 술이라는 임에게도 양껏 취해보고 달콤한 안주도 탐할 만큼 탐했으니 노년에 임 타령하다 트집 잡히지 말고 순리대로 조용히 살자. 처음이 좋으면 끝 또한 좋은 것이다. 임도 효(孝)도 백년을 누릴 건가?

도리행화만천하(桃李櫻花滿天下)라고 제자나 후배가 천하에 가득하여 하는 일마다 편리하다는 말로 한때는 끗발이 좋아 잘나갔다고 부러워하고 축하한다는 말들을 많이 듣고 살았다. 하지만 나이 들어 산수나 찾아다니며 숨었으니 이런 억지라도 쓰고 싶은

지 이것저것 마구 중얼거려 대니 그 또한 간데없는 못난 촌부임에 틀림이 없다.

복숭아꽃 오얏꽃의 화사한 봄날은 사람의 봄을 의미하기도 하지만 도리년(桃李年)의 청춘도 한창때도 다 가고 나니 낙화되어 시들고 말았구나. 이런 시름으로 집으로 향한다. 할 일 없이 무위도식하면서도 마음만은 항상 한창때를 그리워한다.

안도색준(按圖索駿)이다. 이제는 일정한 방식(方式)이나 지례(知禮)에 구애됨이 없이 자유롭게 살지만 그 자유함을 모른다. 조금이라도 일거리가 없으면 좌불안석하던 고집스런 지난날의 버릇을 버리지 못하니 오랜 세월을 같이해온 아내도 내 옹고집에 이제는 면역이 된 듯하다. 멋대로 즐기지는 않지만 한번 옳다고 마음먹으면 그 마음을 쉽사리 돌릴 수가 없다.

산을 자주 찾으면서 산(山)을 산(傘)으로 불러도 본다. 하늘에서 내려다보면 우산같이 펼쳐진 작은 산으로 보일 것 같아 산하(傘下) 그 아래서 다소곳이 살아가는 산할아버지라 착각하고 있기 때문일까. 지금도 자연이 만들어준 이 넓은 정원의 주인이 된 것으로 착각하면서 하늘도 보이지 않는 울울창창한 송림의 우산 속을 거닌다.

산고수장(山高水長), 높은 산에 맑고 긴 물줄기가 흐르는 계곡의 산은 푸르고 물도 맑다는 생각에 산고수청(山高水淸)이라 고쳐 부르며 산곡 병풍처럼 둘러싸인 이곳이 우산을 펼쳐놓은 것

같다고 생각해 내고는 억지소리도 해본다.

말이나 글도 자기가 좋아한다고 마음대로 해서도 안 된다는 것을 잘 알고 있지만 옳은 말이나 글도 사람의 앎과 생각에 따라 다를 수 있다. 산악(山岳)이나 산악(山嶽)은 같은 의미로도 쓰지만 악(岳)은 고산의 정상인 '뫼뿌리 악'으로 극지(極地)의 산봉우리이다. 악(嶽)은 신령이 존재할 것 같은 산악숭배의 산신을 모시는 성스러운 깊음이 있는 곳이라 해석하고 보니 산안장(山鞍裝)이랄까. 산마루 움푹 패인 곳에 병풍같이 둘러쳐진 산이 하늘 아래 우산인 양 그 아래 다소곳이 앉아 즐거워 하니 아내도 이제는 산을 좋아하게 되었다.

계심난수설 산동불유운(溪深難受雪 山凍不流雲), 계곡이 깊어 눈도 내리기 어렵고 산은 얼어붙어 구름도 흐르지 않는다는 고독한 산을 같이 즐긴다. 이제는 독고망루(獨高望樓), 홀로 외로이 높은 망루에 올라 천하를 내려다보는 외로운 망루가 아닌 우리들의 망루로 여기며 살자.

교학상장(教學相長)

배우고 가르치면서 서로 발전한다. 오늘이 스승의 날이다. 가르치는 것을 교편을 잡는다라고 한다. 스승에게 좋은 선물은 배우려고 하는 사람에게 가르치는 보람이라 할 것이다. 배우려고 하는 사람에게는 선생님의 가르침보다 더 큰 선물이 없을 것이다. 배우고 가르치는 것이 다 같이 좋은 선물이라는 말이다.

이런 좋은 글을 어려서 읽었지만 그 진의도 모르고 나이만 먹었다. 무지에서 앎으로 이끌어준 선생님이나 잘 배워 훌륭하게 된 제자라면 이는 둘 다 성공한 교육이라 할 것이다. 나는 잘 배우고 잘 가르쳤는가. 뒤돌아보아도 배운 것은 많지만 가르친 것은 별로 없으니 받은 선물은 많아도 준 것은 별로 신통치도 않고 그나마 배운 것도 잊어버린 것이 더 많으니 인생무상(人生無常)인 것을 실감하며 산다.

창왕찰래(彰往察來)라 했다. 지나간 것을 밝히고 미래를 살피며 뜻있는 일을 해야 한다고 결심하고도 배운 것도 실천하지 못한다. 때늦은 후회지만 이제는 욕심 부릴 것도 감출 것도 아무것도 없다.

나는 정당하게 살았는가? 반문도 해보지만 누구를 해치지도 미워하지도 않았으나 이런 것도 내 생각뿐이다. 이제는 망설일 것이라고는 아무것도 없이 더 배우고 가르친다는 것도 무리이니, 도움도 줄 수 있으면 주고 싶지만 받고 싶은 것이 더 많은 것이 솔직한 심경이다.

베풂이라는 보시(布施)는 내게도 즐거움이 온다는 것을 안다. 그러나 도움을 받고 싶은 마음뿐이니 이런 것이 늙어간다는 것인가. 사람이 늙어지면 못 본 체하고 싫어하는 것이 자연의 이치이니 항상 마음만은 젊은 임과 함께하면서 막연한 미래는 자연의 섭리에 맡기고 복잡한 인생소설을 쓰지 말자.

'성공 그것이 무엇이며 행복이 무엇인가'하는 것도 흥미를 잃고 다만 제력도 권력도 아닌 자기만족인 것을 알았다. 흥미를 잃었다는 것은 무상(無常)이다. 사람으로서 행해야 할 도리를 다하지 못했는데 자꾸만 귀찮은 일이 생긴다. 친구와 만남도 친지의 방문도 번거롭게 느껴지고 그저 혼자 조용히 쉬고 싶을 뿐이라면 무상(無想)이라는 허무한 생각을 하고 있는 것이다.

이럴 때는 귀찮아도 일어나 거울을 보자. 과거를 되돌아보면 거울 속에 나타날 것이다. 명경(明鏡)의 맑은 거울에 일그러진 자신의 얼굴을 보고 보기 싫어 찡그리는 사람은 없을 것이다.

'내가 왜 이래'하면서 가다듬고 억지로라도 웃어보려고 한다면 아직은 늙으면 안 되겠다는 신호이다. 그러니 귀찮을 때는 거울을 자주 보자. 늙음을 두려워하는 것은 아직 할 일이 많은 것을 의미한다. 두려운 것을 모르면 끝이다.

> 지친 말은 채찍질을 두려워하지 않는다.
> 피폐한 국민은 형벌을 두려워하지 않는다.

지친 말은 채찍도 피할 기력이 없다는 말이다. 늙어 병이 들고 지치게 되면 죽음이 무섭지만 그것을 동경할 수도 있는 막다른 길일 수도 있다. 이런 당치도 않는 말을 나열해가니 거창하게 말해 인생철학을 흉내 내는 것 같은 착각에 빠지기도 하지만 나는 한때 직장을 잃고 허탈을 잠재우기 위하여 많은 서적을 닥치는 대로 읽었다. 아무 뜻도 모르며 읽어가던 소크라테스와 플라톤의 딱딱한 철학적 염세주의(厭世主義)나 죽음에 이르는 병 같은 갈피를 잡을 수 없는 내용들을 지금은 조금 이해할 것 같지만 그때는 허무맹랑한 것인 줄만 알았던 철학의 깊이는 과연 무궁무진한 것인가.

철학의 역사는 고대 그리스의 필로소피아의 지혜(智慧)에 대한 사랑에서 유래된 것이지만 전제나 문제의 명확(明確)화, 개념의 엄밀(嚴密)화, 명제들 사이의 정리 등이 이성적인 사고를 통해

여러 가지 주제에 관해 논하는 학문이라고 정의하면서도 전체적인 감을 느낄 수 없다. 그저 내가 아는 대로 설명한다면 양지양능(良知良能)의 뜻대로 배우지 않고도 알고 배우지 않고도 할 수 있으면 선천적으로 지니고 있는 시비(是非)와 선악(善惡)을 판단하는 본능이라는 유심주의(唯心主義) 철학자들이 말하는 것 정도는 그저 공감할 정도이다.

인간이나 인생(人生) 세계의 지혜나 궁극(窮極)의 근본 원리를 추구하는 학문이라고 한다면 법이나 생활 가치나 감정 이런 것들이 뒤엉켜 있으니 나누어 생각할 능력이 없다. 거창하게 세계관이나 인생관 혹은 가치관이라는 철학적인 낱말들이 생소할 뿐이다.

'나는 무엇인가. 나는 무엇을 해야 하는가. 나는 무엇을 바라는가. 그리고 인간은 무엇인가' 하는 해결이 불가능한 것들이나 '신(神)은 존재하는가. 우주는 끝이 있는가. 시간과 공간은 어떻게 연속되는가. 도덕적 윤리적 예술적 작품적 가치나 국가나 사회적으로 어떻게 성립되어 운영되는가' 하는 것들은 철학자만이 철학적으로 논하는 것이라 할 뿐이다.

철학자는 철학을 논한다. 요리사는 요리를 논할 수 있다. 그러나 요리사 자격이 없는 우리 어머니들의 음식솜씨는 어느 요리사보다 맛이 있다.

내가 철학자가 아니라도 철학자와 같은 말을 할 때도 있을 것 같지만 그것을 믿어줄 사람이 없다. 아내는 내가 즐기는 맵고 짠 음식을 나의 입맛에 맞추어 늘 그렇게 음식을 만든다. 하지만 내 입에 맞는 음식이 남의 입맛에 맞을 수 없다.

나의 학문은 시작만 있고 끝이 없다. 고희가 되어 일기장이라도 남기고자 하지만 무디어 녹슨 것일까. 좋은 생각이 좀처럼 떠오르지 않는다.

남들이 남긴 논문이나 글들을 많이 읽어도 보았지만 신통한 것이 없다고 생각되었다. 그래서 이렇게 일기형식으로 글을 쓰며 순수한 내 것을 찾으려 하지만 허욕을 부리는 것인 줄 안다. 욕심내지 말고 알고 있는 것만 쉽게 말하여 현실을 받아들이는 것이 삶의 철학이다. 배운 것만큼 말하고 알 수 있는 것만 알려고 하자.

문학작품(文學作品)

문학에 속하는 예술작품인 시나 소설 그리고 희곡(戱曲)이나 수필 등을 이르는 말이다. 문화적 · 예술적 가치라는 것이 그 시대에 일어났던 문화적 상황을 정확히 묘사(描寫)하여 만들어진 글들을 아름답게 표현한 것이라면, 예술(藝術)은 기예(技藝)와 학술(學術)을 기교(技巧)나 양식(良識)으로 멋을 부려 감상하는 대상을 아름답게 표현한다면 이를 예술품이라 할 것이다. 높은 경지에 이른 것을 예술이라 한다면 숙련된 기술도 예술일 수 있다. '인생은 짧고 예술은 길다'라고 하지만 예술을 이해하지 못하고 살았으니 예술을 설명하는 데도 많은 무리가 따른다.

문화 예술이란 창작문학, 미술, 음악, 종교, 조각품에 이르기까지 예술이라는 말들이 너무 많다. 예술적 감각으로 표현하는 철학 예술로 개념이나 형식, 시간적, 공간적, 시각적인 것에 이르기까지 뛰어난 솜씨이며, 기술인 스포츠나 심지어 음식솜씨 하나까지

'예술이다'라는 찬사를 붙이는데, 정치도 예술이라고 한다면 아름다운 정치로 찬사를 받는 정치인도 있을 것 같다.

아름다운 표현이나 숙련된 기술로 만들어진 글이나 조형물 그리고 일상생활에 사용되는 모든 것이 예술품이 될 수 있지만 기교(技巧)도 없고 아름답게 묘사하는 글재주가 없으니 문학적 예술 작품이 나올 수 없는 것을 알면서 나는 지금 무리하게 낙서를 하고 있다. 낙서를 즐기면서 흐트러져 있는 글자들을 모으면 시도 되고 수필이나 소설도 될 수 있지만 짧은 글 한 줄을 쓴다고 다 창작이 아니다.

짧은 산문(散文)이나 칼럼과 같이 시대를 비판하고 풍자한 글도 많이 읽어도 보았지만 생각은 자유라고 하고픈 이야기를 마음 가는 대로 써내려 간다. 글 한 줄 썼다고 악평만 하면 안 되는데… 하면서도 인생을 살면서 체험한 것과 말하고 싶은 것을 적다보니 거짓이 참이 되고 참도 거짓일 수 있다는 것을 알게 되었다.

이제 낙서를 해도 누가 볼까 걱정되는 것은 참과 거짓을 구분할 수 있는 참만을 말하고 옳은 것만 적어가자 다짐하면서도 어느 것이 참인지 거짓인지 어지럽다는 것뿐이다.

글을 쓰는 작가라는 직업은 참으로 고상한 취미로 여겨진다. 학사·석사·박사학위를 얻으려고 곤혹을 치르는 아들딸들을 지켜보면서 배움을 직업으로 하는 저들이 안쓰럽기도 하지만 무엇이 어렵다고 저렇게 쩔쩔 매는가 싶었다. 하지만 내가 직접 글을 써

보려고 하니 머리에서는 빙빙 돌지만 정리하려고 하면 다 사라지고 뒤엉킨 실타래같이 풀 길이 없어 포기하려고도 했다.

남들은 글이라는 것을 보고 듣고 느껴서 아는 대로 체계적으로 쓰면 된다고 하지만 그 체계라는 것이 아리송하다. 보고 듣는 것은 같을 수 있으나 그 시각에 따라서 느끼고 판단하여 알게 된 것도 각기 다르기 때문에 천차만별 다른 내용의 글이 된다.

글이라고 써놓아도 '좋은 말이다, 아름다운 표현이다' 하는 것보다는 다같이 공감할 수 있는 있는 글을 쓰기 어렵기 때문에 이렇게 쓸까 저렇게 써볼까 망설여진다.

퇴고(推敲)라 했다. 내 생각을 전하려고 하니 이것으로 할까 저것으로 할까, 이것으로 하면 저것을 버리기 아깝고 그렇다고 이것을 버리기도 아까우니 망설이게 된다는 글이 생각난다.

조숙지변수 승고월하문(鳥宿池邊樹 僧敲月下門),
새는 못가 나무 위에서 잠드는데 스님은 달빛 아래 문을 두드린다.

그런데 마지막 시구에서 문을 '두드린다(敲)'가 좋을지 문을 '민다(推)'가 좋을지 '推敲' 두 글자를 가지고 망설였다. 당나라 시인 가도(賈島)가 시구를 다듬으려고 고심 중인 것처럼 글쓰기가 그리 쉬울 수가 없다는 것을 알기에, 내가 경험하고 느낀 생각을 말로 표현하고 또 그것을 한 줄의 글로 옮겨 나만의 독창적인 것을 만들기가 정말로 조심스럽다.

유명인사들이 남의 문장이나 저술(著述)을 표절(剽竊)하고 모방하여 자기 논문에 옮겨 사용하다 곤혹을 치르며 논쟁하는 것도 보았다. 스스로 노력하지 않고 남이 애써 이룬 것을 통째로 가로채려고 한다고나 할까.

그런데 한 수 더 떠서 털(껍질)도 뽑지 않고 날로 먹으려고 덤벼드는 사람이 늘어나고 있다. 활박생탄(活剝生呑)은 '산 채로 껍질을 벗기고 산 채로 삼킨다'는 뜻으로 이런 어려운 용어는 되도록 사용하지 않으려 하지만 우리가 흔히 쓰는 통째로 삼킨다는 말의 어원인 것 같아 써 보지만 이런 고사성어도 함부로 쓰면 표절이 될 수도 있다.

노벨문학상을 수상한 문학소설도 많이 읽어보았다. 그러나 표현력보다도 우리의 정서와 맞지 않으니 이해보다도 공감이라는 것을 찾아내기가 그리 쉬운 것이 아니다. 문학작품을 흥미 없다고 한다면 모자라고 무식하다 하겠지만 그렇게 단정할 수 없다. 이념이나 생각이 다른 사람이 보면 이런 것이 아닌데 하고 의문을 제기할 수도 있다. 요즘 노벨 평화상이 심심찮게 거론되고 있다. 평화는 누구나 원한다. 그러나 이념이 다른 사람이나 집단들은 그들이 받은 최고의 평화상도 평화가 아닌 독선이라고 비난할 수도 있는 것인데 하는 생각도 하게 된다. 또한 이런 것도 그들만의 독선이지만 그렇게 생각 좀 했다고 그들을 모독하는 것은 아니다.

문학(文學)이라는 것을 설명하기도 궁핍하니 평할 수는 더욱 없다. 문학소설이란 새로움이라는 의미로 프랑스어로 'Novus'가 이탈리아어 'Novella'를 거쳐 영어로 'Novel'이 된 것이다. 요즘 많이 쓰이는 말인 장르(Genre)는 수필문학 또는 일반문학 등으로 불리는 문학작품들과 대비되는 대중적이고 상업적인 성향이 강한 작품을 분류하여 부르는 말인 듯하다.

문학소설이나 시, 희곡, 수필집들도 각기 자기수준으로 읽을 뿐이니 형식이나 특징들을 정의하기는 쉽지 않다.

주제(主題)가 있는 글, 보통 테마(Thema)라 불리는 인생관, 세계관 그리고 자기주장이 확고히 담긴 이야기인 소설이나 산문, 수필들이 읽는 이에게 공감을 준다면 좋은 글이라 할 수 있다.

허구 또는 현재의 인생을 보여주는 인물과 행동이 복잡하게 묘사되어 있는 것들은 실제 소설로 그려낼 수 있는 것이지만 소설은 사실과 허구가 뒤섞인 꾸며 만든 이야기라 여겨진다.

일상생활을 통해 심각하면서도 정직하게 사실주의의 정신이 형성된 것, 또는 과거와 현재가 연결되어 전설적이고 인위적인 소설의 진실성 등 일상에서 일어나는 사건이나 감정들을 모두 드러낼 수 없으므로 내 생각을 남에게 보여주기(Showing) 위한 것에 얽매이지 않고 자유롭게 나만이라도 흡족한 표현으로 일기를 쓰는 것이다. 문학형식(文學形式)에 맞게 이매진이나 칼럼처럼 세상사를 설명하는 다양한 방식으로 글을 쓸 수 없다는 것을 부끄럽게 여기지 않는다.

내가 쓰는 이런 글들도 문학적 가치는 없어도 숨김없이 사실 그대로 적은 인생관이 담긴 일기장이기에 이런 사람도 존재하는 세상임을 알게 해준다면 좋은 책이 될 수도 있다는 나만의 생각이다.

망서구사 실양붕(亡書久似 失良朋), '좋은 책을 읽은 지가 아주 오래되니 좋은 벗을 잃은 것 같다'는 글귀를 떠올리면서 문학작품을 생각하다 친구까지 떠오르니 이러다 사랑 타령으로 변할지도 모른다. 모르는 것이 많으면 도망치고 싶은 부끄럼도 느껴지는데 순진한 것인지 바보스러운 것인지…. 어쩌면 나이차를 잊고 지내는 망년지우(忘年之友)의 친구가 있다면 행복한 노후생활이라 할 수 있을 것 같은 욕심도 부려보고 싶다. 망망상실(亡茫喪失)의 잊은 지 오래된 과거 인연(因緣)들이 되살아나 문학을 동경하던 과거가 아른거린다.

소이장도(笑裏藏刀)

외면으로는 웃으면서 온화한 척하면서도 마음속으로는 음흉한 칼을 품고 얼굴에는 미소를 띠고 있지만 속은 해칠 뜻을 품고 있는 사람이다. 이런 사람이 우리 주변에 있다면 삶이 고달파질 것이다.

이웃사촌이라는 말도 옛말이 된 지 오래이다. 어린이를 유괴 살인하고 성폭행한다는 뉴스를 접할 때 어찌 저런 일들이 하고 분통을 터트렸지만 범인을 잡고 보니 이웃에 사는 면식범이라는 데 또 다시 놀랐다.

사회가 왜 이렇게 악랄해져 가는가. 무엇 때문에 이렇게 미쳐 날뛰고 이성을 잃고 헤매고 있을까.

도(道)나 예(禮)라는 것이 아예 없어진 것인가. 정상이 아닌 것일까. 이렇게 어지러워 사리분별도 할 수 없는 상규(常規)에서 벗어나 미쳐버린 것 같아 광(狂)자를 쓰다가 창광(猖狂)이라는 단어가 생각나 써놓고 보니 세상이 사납고 거칠어져서 미칠 것 같다는 내용의 두 글자가 모두 견(犬)으로 '犭'변이다.

견 변이 들어간 글자는 미치고 사납고 두려운 짐승을 표현하는 뜻으로 사용되는 글자가 많다. 광견병(狂犬病)은 아주 오래전부터 전해오는 좋지 못한 병으로 개나 고양이에서 볼 수 있는 바이러스성 질환으로 사람에게도 감염될 수 있다.

'미친갯병'으로 공수병(恐水病)이라고 하여 두려워하던 병인데 요즘은 광우병(狂牛病), 그리고 조류독감이라는 AI(조류인플루엔자) 때문에 한시도 편할 날이 없다. 사람이나 동물이나 공통으로 전염이 만연(漫然)되는 병이 동물들의 탓인가. 인간이 자초한 재앙인가.

우리 인간은 경제적 부를 얻기 위해서 동식물을 대량 사육하려고 좁은 공간에서 집단 사육하는 과정에서 오염된 제조 먹이와 운동부족으로 인한 각종 스트레스로 인하여 면역력이 떨어져 변종 바이러스가 생겨났다. 치사율이 아주 높고 전염력이 강하여 우리 인간에게까지 영향을 미치게 되니 인간의 삶을 풍요롭게 만들려는 욕심이 자초한 재앙으로 인해 귀여운 개도 고마운 소나 닭도 전염병의 매개체이고 보니 불가원 불가근의 존재지만 지금도 우리는 개를 애지중지 귀여워한다.

그런 사랑스런 개가 아무리 충직했어도 광견병에 걸려 미쳐버리면 주인도 몰라보게 되니, 사람도 미쳐 이성을 잃으면 예외가 아닌지 이성을 잃은 사람을 '미친개'라고 하는 표현이 과연 맞는

말인 것 같다.

광견폐일(狂犬吠日)이다. 미친개가 태양을 향해 짖는다. 악(惡)한 사람이 좋은 일을 비방하는 것을 말한다. 오늘의 정치·경제·사회 등 모든 분야에서도 창궐(猖獗)하고 있는지 창궐이라는 어려운 말들을 요즘 부쩍 많이 쓰고 있다. 미쳐서 사납고 거칠게 날뛰는지 모르겠지만 이런 말은 좋은 말이 아니다. 좋지 못한 세력이 자꾸 걷잡을 수 없이 일어나 퍼지니 나라에 충성하고 부모에게 효도한다는 견마지심(犬馬之心)이 사라진 것인가.

윗사람을 섬기고 부모에게 효도를 다하는 마음이라는 좋은 뜻으로 개나 말과 같이 주인을 섬긴다는 고사성어이다. 하지만 대부분 좋은 곳에 사용하지 못하고 '견원지간(犬猿之間)'의 서로 상극이라는 뜻으로 쓰게 되니 세상 사는 것이 어떤 것이 진실이고 허실인지 갈피를 잡을 수가 없어 이런 낱말들을 쓰기도 창피하다.

언제부터 이런 창피(猖披)한 일을 저질러 놓고도 부끄럼이 없어진 것일까. 자괴지심(自愧之心)인가. 스스로 부끄러워하는 마음인 죄의식이 없기 때문일까. 우리 다같이 생각해 볼 일이며 사회 지도자라 자처하는 분들도 부끄러움을 알았으면 하지만 이 또한 나만의 견폐(犬吠)같은 소리일 뿐이다.

달을 보고 짖는 개를 폐월(吠月)이라고 한다. 공산명월을 보고 짖는 개가 풍월을 알 리가 없으니 멍하니 달을 보다가 밤인지 낮인지도 모르는 착각 속에서 주인을 불러보려는 것인지도 모르겠다.

견폐지경(犬吠之警)은 개 짖는 소리 정도의 대수롭지 않은 소란이라고나 할까. 하지만 한 마리의 개가 짖으면 온 동네 개들이 덩달아 짖으니 영문도 모르고 그저 뒤따라 짖어대면 더욱 소란스럽게 된다. 이처럼 남이 퍼트린 황당한 괴담이나 유언비어에 동요되어 덩달아 남을 매도하기도 하고 따돌림을 준다면 가롱성진(假弄成眞)일 것이다. 거짓된 것이 참된 것처럼 보이는 것, 장난삼아 한 일이 진짜가 되는 일이 우리 주위에서 흔히 볼 수 있는 일들이다.

남의 말을 의심해서도 안 되지만 무조건 믿어서도 안 될 것 같아 견마지로(犬馬之勞)나 견마지역(犬馬之力)과 같은 고사성어도 생각해보자. 윗사람에게 자기 노력이나 능력을 낮춰 이르는 말이다. 지나치게 비하하는 말이다.

견토지쟁(犬免之爭)은 개와 토끼의 다툼이다. 명견(名犬)이 교활한 토끼를 잡으려고 산을 여러 차례 오르내리고 돌고 돌다 지쳐서 끝내는 둘 다 쓰러져 죽으니 결국은 농부의 차지가 된다는 옛이야기에 나오는 말이다.

우리는 나 스스로를 보호해야 한다. 사람은 내일을 알 수 없지만 과거를 잊어서는 안 된다. 과거를 거울삼아 미래는 점쳐볼 수 있지만 과거를 잃어버린 사람은 미래도 점칠 수 없다.

주관적으로만 세상을 보면 앞만 보일 뿐 좌우, 그리고 위는 전혀 볼 수가 없다. 앞에 보이는 것 그것도 내가 본 것과 남이 보는

것이 다르다는 것을 알게 된다면 이제 모든 사물을 보고 이야기할 때 주관적인 것보다는 객관적인 입장에서 남의 삶을 들여다보고 그들의 입장에서 생각해 보자.

세상에는 자주 웃을 수 있는 사람이 있는가 하면 웃고 싶어도 그 좋은 웃음을 참아야 할 때도 있다. 억지로 참는 웃음, 참아야 할 웃음, 뭐가 좋아서 웃는가. 남의 잘함을 시기하고 불행을 보고 비열하게 고소(苦笑)의 쓴웃음을 웃지 말자. 좋은 일에 찬사를 보내고 불행함을 보고 동정을 아끼지 않는다면 그 역시 성공이라는 꿈을 이룰 수 있는 사람이라고 강조하고 싶다.

일촌광음불가경(一寸光陰不可輕), 짧은 시간이라도 허비하게 된다면 인생의 삶이 짧다고 한탄하게 된다. 내가 허비한 시간만큼 무엇인가를 얻었다면 그것은 남는 장사이지만 결코 남는 장사만 할 수 없는 것이 역시 인생의 살아가는 이치이다. 이제는 남은 시간 쓸데없이 허비하지 말자. 창문을 열고 밖을 보자. 허와 실이 공존하는 세상에서 안과 속이 같은 밝은 웃음을 웃고 살자.

어얼리 버드(Early bird)

아침 일찍 일어나는 사람을 부지런한 사람이라고 한다. 정시각보다 일찍 출근하는 사람이 많으면 그 직장은 비전이 있는 좋은 곳이다. '어얼리(Early)'는 남자 이름으로 백작 직위를 뜻하지만 1964년 4월에 발사한 인텔샛(Intelsat) 상용통신 위성의 애칭이기도 하다.

조조(早朝)는 이른 아침이다. "일찍 일어나는 사람, 정시각보다 빠르게 나오는 사람, 일찍 일어나는 새가 벌레를 잡는다(The early bird catches the worm)"라는 격언과 같이 과거 우리는 부지런한 국민으로 모든 것을 빨리빨리 하다 보니 허점도 있었다. 하지만 그런 부지런함 때문에 지금의 경제발전도 있는 것이 아닌가 하는 생각도 해본다.

우리는 질보다도 양을 원할 때도 있었다. 남들보다 먼저 일어나

농작물을 가꾸던 우리 부모님들은 먼동이 트면 들로 나가서 해가 져서 어두워야 돌아왔다. 산업체 공장이나 작은 구멍가게를 하는 사람도 남보다 일찍 일어나 가게 문을 열고 앞마당을 청소해 놓고 손님을 기다렸다. 그뿐 아니라 보다 많은 손님을 끌기 위한 상술로 싸게 사고 많이 파는 양자이득으로 조조할인(早朝割引) 영화나 1회에 2편 보는 영화를 보면서도 밤과 낮을 구별하지 않고 일했다. 일감이 있는 곳이라면 3D업의 구분도 없이 잔업을 더 하려고 윗사람에게 아첨도 마다하지 않았다. 이렇게 서두르기의 명수들인 우리가 지금은 주6일 근무도 힘겨운지 주5일제도 힘겨워한다.

새벽을 여는 사람들, 산사의 종소리를 들으며 염불을 외우는 스님들, 지금은 성당의 종소리를 들을 수 없지만 새벽기도를 올리려고 어둠을 헤치고 교회를 찾는 신도들, 농수산 시장에서 요란스럽게 움직이는 새벽의 경매장, 벼룩시장이라 불리는 도깨비 시장, 그리고 새벽 인력시장, 등교하는 학생들의 행렬….

그들이 구하려던 것이 과연 무엇이었을까. 지금은 그 부지런하던 아우성소리도 많이 줄어들었다. 24시간 교대근무로 새벽에 퇴근하는 야근자들의 고달픈 행렬도 있지만 반대로 새벽까지 술에 취해 비틀거리며 방황하는 무리에 뒤섞여 올빼미의 삶을 사는 사람이 늘어만 간다.

해거름이라는 말이 있다. 날이 밝으면 일터로 나간다. 시간과는 무관하다. 다만 해가 져서 어두워야 작업이 끝나는 줄 알고 열심히 일을 하여 이룩한 경제발전이지만 아직 이룬 것이 너무 초라하다. 아침 9시 출근에 저녁 6시 퇴근하는 고급 직책을 가진 사람들, 쉬고 싶으면 쉬면서 하는 일 없어도 월급은 최고로 받는 신(神)이 내린 직장의 장들, 월급은 보통사람의 몇 배를 받으면서도 회사를 방만하게 경영하여 적자를 입히고 국고를 축내는 월급벌레들도 있다.

이런 불평등한 세상이 능력대로 사는 세상이란 말인가. 사회구조는 힘 있는 사람 위주로 변해만 가니 원망(怨望)도 하지 못하고 서민의 삶은 점점 힘에 겹다.

주5일 근무에다 많은 공휴일, 또한 정해진 법정 근무시간제에 따라 다같이 평등한 삶을 산다면 지상낙원이 따로 없을 것 같다. 하지만 아무리 좋은 제도라도 힘없는 사람에게는 가도벽립(家徒壁立)이다. 집안의 세간이라고는 하나도 없고 사면에 벽만 둘러싸여 있다는 말이다.

일을 하고 싶어도 일감이 없고 일을 해도 받는 급료가 신통치 못하니 변두리 구옥에서 문화혜택도 받지 못하고 사는 사람이 아직도 많다. 세상 어느 곳이나 빈부의 격차는 있기 마련이지만 구차한 삶을 사는 사람들에게 갑작스레 수도가 고장 나고 전기가 끊어지거나 한밤중에 배탈이 나도 날 밝기를 기다려야 한다.

설령 날이 밝아도 병원이나 약국, 은행, 상점, 심지어 관공서도

9시가 넘어야 문이 열린다. 그나마 재수 없게도 토요일, 일요일, 어쩌다 달력에 빨간색으로 인쇄된 것도 모르고 나왔다가는 낭패를 보기 일쑤이다. 이런 것이 일진(日辰)인지 재수인지 모르지만 본래 운명의 신이 가혹해서 그렇다고 생각하기에는 너무 억울한 세상이다.

아무리 요령껏 미리미리 준비하고 살자 했지만 무지한 국민은 알아도 할 수 없이 당하고 또 당할 수밖에 없는 모순된 현실 속에서 삶을 살아간다. 기초생활에 필요한 생필품이나 관공서의 민원실만은 적어도 휴일은 빼고라도 한 시간쯤 먼저 문을 열었으면 서민들에게 많은 도움이 될 텐데 하는 생각과 구급약 정도는 슈퍼에서 구할 수 있었으면 하지만 그것도 의료분쟁인지 밥그릇 싸움인지 찬반이 대립하고 있다.

갑작스런 일이 닥치거나 식중독 또는 토사곽란(吐瀉癨亂)을 당하면 난처한 일들이 많다. 지금은 냉장고 보급으로 인해 위생적으로 많이 좋아졌다 하지만 간혹 식중독으로 고생하는 서민들이 있다. 갑작스럽게 병이 나면 야간당직 병원이나 약국이 있다고는 하지만 쉽게 이용하기 어려우니 병・의원 문이 열릴 때까지 기다렸다가 치료 받고 처방전 지시대로 약을 사야 하니 사후 약방문이 될까 걱정스럽다.

은행창구도 있는 사람들의 금고이다. 줄서기도 서민들만 한다. 다 같은 고객이지만 VIP는 특별창구가 따로 있어서 이들은 줄을

서지 않아도 된다.

금융거래도 홈뱅킹으로 처리하는 참으로 편리한 세상이다. 공과금도 자동납부 시스템에 고지서를 넣고 확인 버튼을 누르면 자동으로 처리되지만 문제는 이런 것을 사용할 수 없는 사람들이 아직도 많다는 것이다. 노인 분들은 안내원의 도움을 받지만 난처해하니 이런 것도 사회 발전과정에서 나타날 수 있는 풍속도로 넘기면 된다.

하지만 공공기관의 인허가 건은 다르다. 인허가를 간소화한다고 하는데 행정기관은 적어도 민원부서만은 산업체나 공장같이 3교대 근무는 어렵지만 적어도 2교대 혹은 연장근무 정도는 국민에게 서비스를 좀 했으면 한다.

모든 행정처리가 전산화된 요즘에 쓸데없는 부서나 인원이 너무 많은 것 같은데 사건사고가 터질 때마다 인력 타령만 한다. 공무원 정원을 아무리 늘려봤자 일하는 인원은 고정된 민원부서의 말단직원들 뿐이니 그늘의 일거리가 줄지 않는다면 공정한 근무여건이 아니다.

불필요한 부서 인원을 감축(減縮)한다고 하면서 매번 선거 공약에 오른 말들이지만 줄지는 않고 늘기만 했으니 이번에는 기대해 보자.

독도는 우리 땅이라고 자꾸 말하는데 왜 우리 것을 우리 것이라

하는가. 남의 것을 제 것이라고 하는 자들은 망언이 아니라 망령난 정신이상자이다. 미친 사람을 상대하면 나만 손해를 본다. 말대꾸 하지 말고 무섭게 매몰아 쳐야 겁을 먹고 다시는 헛소리 못한다.

망령(亡靈)은 많이 살아 정신을 지배하는 뇌세포가 죽어 가기 때문에 횡설수설하는 것이다. 그런 사람은 살 날이 얼마 남지 않았다는 증거이다.

우리는 유구한 역사를 이어오면서 이웃하고 있는 나라에게 많은 시달림을 받아 왔다. 내가 힘이 없으면 이웃이 먼저 깔보고 담을 넘보며 자기 힘을 과시하려 하는 것이다. 그래서 우리는 힘을 기르는 것이다. 약해지면 저항력이 떨어져서 잡병들이 침입(侵入)하기 마련이다. 남들이 미쳐 날뛴다고 그들과 맞선다면 그들에게 말려들어간다. 독도는 내 것이다. 대마도도 과거 내 것이었지만 지금은 아니다. 고구려 광개토대왕 때 드넓었던 우리 영토도 지금은 중국의 소유이다. 화려한 과거 역사는 우리 것이니 지켜야 하지만 우리 땅이라고 망언하지 않는다.

과거 우리의 문화를 중원에 남겨 놓았고 일본에도 전수해 주면서 우리가 지배했을 때도 있었지만 우리는 예의를 알기에 대마도가 우리 것이라고 하지 않는다. 왜냐하면 우리는 아직 건전하니까 망언을 일삼는 치매에 걸릴 염려가 없기 때문이다.

옆집 사람이 심한 치매에 걸려 고생하는 것을 불쌍히 여길 뿐이지만 혹시라도 그 병이 전염될까 그것을 걱정한다. 세상이 미쳐간다. 광견병이나 광우병, 조류독감 등을 걱정했는데 이웃이 망령이 든 것 같으니 정신 바짝 차려야 할 것 같다.

요즘 독도를 리앙쿠르(Liancourt Rocks)라고 표기했다고 난리다. 그것도 철석같이 믿었던 우방인 미국지명위원회가 독도를 주권 미 지정 지역으로 분류한 '리앙쿠르 록스'라 표기한 것이 다. 우리는 그동안 무엇을 했단 말인가 하며 적잖은 소요가 일고 있다. 이런 소란을 문제 삼아 독도를 국제사회에 분쟁지역으로 몰고 가려고 노리는 일본으로서는 좋은 기회라 할 것이다.

세상에 믿을 사람이 어디 있는가. 우리의 영토임에 틀림이 없는데 남들이 독도가 주인 없는 바위섬이라고 했다고 우리는 너무 흥분하고 있다. 남의 말을 하기 좋아하는 것은 누구나 마찬가지인 것 같다. 남을 비방하면 명예가 손상될 수는 있지만 아닌 것은 절대로 아니다. 독도는 누가 뭐라고 해도 오래 전부터 우리 것이었으며 우리가 지배해 왔고 현재도 우리 땅이다.

내 것이 탐나서 남들이 노린다고 그들의 것이 될 수 없는 것이 땅이다. 땅은 아무리 흉측한 도적도 가져가지 못한다. 국제 재판소에 아무리 제소해도 우리는 겁날 이유가 없다. 무시하면 그들은 제풀에 꺾이고 말 것이다. 독도는 우리 땅이니까 그냥 우리가 지키면 되는 것이다. 미국이 아니 전 세계가 리앙쿠르라 했다고 주도권을 빼앗긴 것이 아니다.

단지 독도는 우리와 일본 간의 문제이기 때문에 제3국은 어느 쪽으로 치우쳐 편을 들려고 하지 않으니 편의상 분쟁지역이라고 하는 것은 외교적으로 어쩔 수 없는 그들의 표현일 뿐이겠지만 믿는 도끼에 발등 찍힌다는 말이 있듯이 속상하고 괘씸하다. 하지만 지나친 과민반응(過敏反應)을 일으키는 것이 저들의 바람일지 모를 일이니 이럴 때일수록 우리 것이라는 확실한 증거를 들어 논리적이고 체계적으로 설명하여 제3국에 홍보하는 것이 중요한 외교적인 과제일 뿐이다.

우리는 과거에도 그랬듯이 이보다 더한 많은 일들을 겪고 살았다. 지리적 여건보다도 못된 이웃을 두면 항상 고달프기 마련이다. 그러니 이웃이 싫다고 내가 피할 수만도 없다. 이에는 이, 눈에는 눈으로 맞설 수밖에 없는 이치다. 우리는 과거 36년의 수치를 잠시도 잊어서는 안 된다고 하면서도 너무 오랜 세월을 잊고 살아온 것을 알아야 한다.

해방 반세기가 지난 지금, 잿더미 속에서 그들은 경제 대국을 이루고 우리를 다시 넘보고 있는데 우리는 무엇을 했기에 이런 어처구니없는 수모를 받고, 또다시 적에게 도전장을 받는가. 그들과는 결코 가까워질 수 없는 이웃인 줄 알면서도 왜 그들을 경계하지 못하고, 그들이 힘을 기르면 다시 도전한다는 사실을 과거 역사 속에서 배워 알면서도 그들을 우방인 양 방치했는가.

내 집안 단속도 못하면서 외부에서 일어나는 일에 너무 관심을 가진 것은 아닌지 반성해 볼 일들이 너무 많다. 집안일은 남이 모르게 조용히 처리하고, 밖의 일은 큰소리치며 사는 것이 가정이나 사회나 국가 간에도 다 같이 적용되는 삶의 지혜이거늘 어찌 그런 것을 몰랐단 말인가.

우리 속담에 '방안 호랑이 잡는다'는 말이 있다. 집안에서는 큰소리 탕탕 치지만 밖에 나가서는 아무 말도 못하고 당하기만 하는 멍청한 사람을 말한다. 우리 외교정책이 혹시 그런 것이 아닌가 심히 걱정되는 대목이기도 한 오늘의 외교정책은 무엇이 문제인가. 너무 점잔만 빼는 우리의 선비 기질이 문제라면 바꿀 때도 된 것 같은데 '채면이 밥 먹여주는가' 하는 말 좀 기억하자.

외교정책 실리를 추구하는 남과의 이권 다툼이다. 철면피(鐵面皮), 표리부동(表裏不同), 양두구육(羊頭狗肉) 등등 다 좋다. 무슨 수단과 방법도 가릴 필요도 없이 얻고자 하는 것을 얻어야 이기는 것이다.

처세기태결(處世忌太潔)이라는 말을 설명 좀 하자. 세상살이는 지나치게 결백함을 싫어하고, 지인귀장휘(至人貴藏輝)는 지극히 경지에 이른 사람은 귀하고 자랑스럽다 뽐내지 않는다는 의미로 너무 결백하고 자랑할 줄 몰라도 세상살이가 고달프다는 말이다. 생존 경쟁이 치열한 오늘날에는 '좋은 사람'이라고 하면 바보취급을 당하게 되니 지금 내가 하고 있는 말들이 '바르게 살자'

라는 타이틀에 걸맞은 일인 것 같지만 고집스럽게 살아도 안 된다는 것을 강조하려는 뜻일 뿐 원칙을 버리라는 말은 아니다. 다만 목적을 관철하기 위해서는 최선을 다해 목적을 이룰 때 빛을 보았다는 말을 할 수 있는 것을 이야기하는 것이다.

세상은 변하고 있다. 내 것이 아닌 줄 알면서도 내 것이라 억지를 부리는 것이 독도 문제뿐이 아니다. 더불어 살다보면 곳곳에서 분쟁의 소지들이 잠복하고 있다.

변해가는 세태(世態) 속에 기상이변의 대재앙으로 세상이 몸살을 앓고 있다. 일본은 매년 크고 작은 지진에다 태풍 홍수로 몸살을 앓는다. 동남아 곳곳에서 일어난 물난리와 미얀마 남부해안을 강타한 해일피해도 지구온난화와 해수면 상승으로 인한 사이클론의 위력이다.

중국 대지진 참사와 미국과 유럽의 허리케인과 올여름 무더위에 홍수의 수위가 점점 높아질 것 같다. 세상이 미쳐가는 것이 아니라 인간이 만들어 가는 재앙에 인간이 참변을 당하는 것 같다. 환경이 파괴되고 지구는 더워진다.

온난화는 자연의 섭리를 거역했기 때문이다. 인위적인 파괴, 과다한 구조물로 땅덩어리를 억압하니 지신(地神)이 노한 것이다. 거대한 땜, 그 수많은 무게를 감당하지 못하여 지각을 짓누르니 땅이 가라앉을 수밖에 없다. 땅이 꺼져 가라앉은 만큼 외부 지각이 이동하는 지각변동(地殼變動)이 일어나니 그 어마 어마한 지변에 인간은 속수무책(束手無策)으로 희생될 뿐이다.

이런 상황들을 전문가도 아닌 내가 추측으로 설명하고 있지만 한 가지 알아야 할 것은 환경을 파괴하면 재앙이 오는 것은 자명한 이치인 것이다.

무분별한 개발로 마구 파헤쳐진 곳엔 언젠가는 재앙이 닥친다. 복구시기를 놓치면 적은 비에도 토사가 유입되어 많은 피해가 따르기 마련이다. 이번 중국 대지진으로 우리는 깨달아야 한다. 환경파괴 없이 발전하는 것은 큰 발전을 기대할 수 없지만 큰 재앙은 어느 정도 막을 수 있다.

세상을 시끄럽게 한 대운하도 생각해 볼 일이다. 몇 년간 끌어오던 동강 댐도 지금까지 숙제 속에 고심하고 있지만 그래도 강행하지 않았으니 발전은 없어도 후회할 일은 아직 없지 않은가.

아무리 영리한 인간이라지만 대자연의 섭리는 거역할 수 없다. 광우병의 위험은 쇠고기를 안 먹으면 안 걸린다. 고기를 먹거나 안 먹거나 역적도 매국노도 아니며 억지로 먹으라고 할 사람도 없다. 하지만 자연재해는 피할 수 없기 때문에 미리 조심하면 조금은 손해를 덜 볼 수도 있다.

내 것이 아닌 것을 내 것이라 한다면 그는 도적이나 마찬가지일 것이다. 도적은 도망쳐도 하늘이 용서하지 않는다. 우리는 망언하지 않고 망언하는 자들을 용서하며 살았다. 망령이 든 자들은 오래 살지 못하기 때문에 불쌍할 뿐이지만 우리에게도 오물 정도는

될 것 같으니 그것이 걱정이다.

북핵도 6자회담도 관망하고 앞서가지 말자. 갈이천정(渴而穿井)이다. 목마른 사람이 우물을 먼저 판다. 목이 마를 때야 비로소 우물을 파는 그런 임박함이 지금 북한의 식량난이다. 그 심각성을 우리는 안다.

요구하면 준다고 해도 묵묵부답인데 아직 참을 만한지 버티고 있으니 인도적인 차원에서 미리 주면 덕행인 줄 알지만 받는 쪽에서 '우리가 거지냐' 하고 나온다면 이런 것이 적반하장(賊反荷杖)이라기보다도 어이없는 일이니, 더 이상 당하면 정말 우리는 바보이다.

그들은 우리의 도움이 없어도 잘 살아왔다고 한다. 그러나 우리가 그들을 외면한다면 어떠한 재앙이 올지 모른다는 망언으로 우리를 압박한 사람들이다. 이렇게 우리 주위에 망언하는 무리들이 잦은 것도 우리를 깔보기 때문이다.

'모난 돌과 같이 있으면 정(釘)을 맞는다'는 말이 있다. 좋지 못한 이웃 때문에 수난을 많이 겪기도 했다. 이웃이 난폭해지면 피해를 볼 수도 있다. 지구가 지진(地震)이나 폭풍(暴風)의 재해(災害)에 시달리니 이성을 잃은 이웃들이 우리를 압박한다.

어얼리 버드(Early Bird)의 국민이 되려고 선착순 줄서기를 해서라도 부지런한 참새가 되려고 하지만 일찍 일어나도 할 일이 없다면 늦게 자고 늦게 일어날 수밖에 없을 것이다. 하지만 늦게 일어나도 잘살 수 있을까?

과거 건설회사 근무시절에 나는 취침시간과 상관없이 6시 기상시간을 지키며 살았다. 지금의 경제발전의 터전을 닦는 데 70대들이 한몫을 했었다. 그러나 조금 여유가 있다고 게으름을 피운다면 국민소득 4만 불을 달성할까 그것이 걱정이다.

몽중몽설(夢中夢說)

동향이망 불견서장(東向而望 不見西墻), 동쪽을 향해 바라보고 있으니 서쪽의 담장을 보지 못한다. 지금까지 꿈속에서 꿈 이야기하듯 동쪽을 보고 서쪽을 이야기한 것 같이 어수선하다. 그동안 못 읽었던 여러 가지 책들을 읽고 나니 머릿속에 정리가 안 되어서인지 어느 책 속에 누구의 글인지 좀체 감을 잡을 길이 없다. 많이 산 것도 같고 배운 것도 같지만 앞뒤 좌우도 확실히 모르면서 내가 살아온 길만이 바른 길이라 고집하였다.

이제 확실하게 살 수 없어도 소신은 저버리지 말자. 나를 과신하지도 말고 남을 얕잡아 보지도 말자. 과욕(過慾)이라는 집착도 버리자. 남의 말이나 작품이 내 기호에 맞지 않는다고 저평가하려는 사람들이 많지만 내 취향이 아니라고 무시해서도 안 된다. 우리 각자는 천태만상의 세상 사는 이야기가 있기 마련이지만 다 이야기하지 못하고 살 뿐이다. 내 뜻대로 나만이 옳다는 생각으로는 다수의 상대가 되지 못한다는 중과부적(衆寡不敵)으로 나만의 욕심임을 알았다.

세상은 나만이 아닌 여러 사람이 운용하는 집이라는 것을 알지만 마음의 무거운 짐을 남에게 위안을 받으려는 것은 부질없다는 것을 이 글을 쓰면서 조금은 알게 되었다. 스스로 생각하고 깨우쳐야 참이라는 것을 알았으니 이제는 실천하면서 살자.

처만상탄일(處滿常憚溢) 거고본려경(居高本慮傾),
가득한 데에선 늘 넘칠까 겁내고
높은 데에서는 본디 무너질까 염려된다.

이런 글을 쓰는 나는 진실만을 말하기 때문에 비평도 욕설도 무시함도 두려워할 일이 없다. 나는 다툼을 원치 않는다.

출어니이불염(出於泥而不染) 탁청연이불요(濯淸漣而不夭),
진창에서 자라지만 오염되지 않고
맑은 잔물결에 씻기지만 요염하지 않다.

어니(於泥)는 물속의 진창을 말한다. 애련설(愛蓮說)에 나오는 글로 연꽃의 요모조모를 들어 군자의 덕에 비유한 아름다운 글이다.

나는 오늘도 등산을 하고 내려오는 길에 작은 저수지에 앉아 물속에 잠긴 산을 본다. 참으로 편안하고 한가로운 신선의 모습과도 같고 팔자 좋은 사람이라는 생각이 드는 한가로운 오후이다.

물이 너무나 깨끗하고 한가로우니 우거진 숲이 맑은 물에 거꾸로 잠기어 작은 바람에 일렁거리며 춤을 춘다. 명경지수라 했지만 작은 움직임에도 여러 형태로 변하는 것이 허상이다. 사람의 눈이라는 것도 보는 시점에 따라 다르다는 것을 알았다.

광활한 자연 속에서 호연지기(浩然之氣)를 통한 마음의 수양이라는 것은 혼자만의 고독한 자아라는 것을 경험하고 깨달아서 더불어 사는 완성된 인성을 갖추어야 한다고 생각했다.

도시 속의 오밀조밀한 좁은 공간에서 밀폐된 환경 속에 갇혀있는 조롱 속의 새와 같은 우리는 무엇을 보았으며 무엇을 생각하며 무엇을 배워야 하는지도 모르고 오직 목표하는 것은 출세하여 성공하는 것뿐이다. 진정한 성공이 무엇인지도 모르고 오직 돈을 벌고 보자는 강박관념뿐이라면 그들이 정부 고위층이 되고 법관이나 기업의 장이 된들 옳은 정책을 제대로 펼 수 있을까.

사람의 정서를 해치고 마음을 병들게 하는 것이 무엇일까라는 생각이 어지럽게 일렁거리는 물속에 거꾸로 선 나무들의 일렁임처럼 일렁이기 시작한다.

물에 비친 물총새가 하늘로 치솟는 줄 알았는데 물속으로 잠수하고는 다시 하늘로 날아간다. 잔잔한 수면이 심하게 요동친다.

곱게 생긴 물총새가 고기를 낚아채어 날아가는 것을 보고 있노라니 이런 한가로운 자연 속에서도 약육강식(弱肉强食)의 쟁탈전이 끊이지 않는구나.

비색(翡色) 또는 비취(翡翠)는 물총새(翡翠) 날개의 푸름에서 비유한 비취색을 의미하는 것으로 널리 알려져 있지만 그 의미는 무엇인지 정확하지 않으며 아직도 논란이 되고 있단다.

그윽한 하늘에 흰 구름 떠가는 사이로 학(鶴)이 날아가는 것 같은 시(詩) 구절을 연상하게 하는 단어도 억지로 꾸며 낸 말인 것 같다.

이제 내려가자. 이런 곳도 오래 머물면 싫증이 나는가 보다. 돌아가자. 새로운 마음과 생각도 새롭게 시작할 때뿐이라면 음지도 양지도 옳고 그름도 없는 그런 것이 된다. 이제는 방황하지 말자. 어떤 어려움이라도 해결책은 있기 마련이다. 그것을 극복하려는 의식과 생각에 따라 성취될 수도 아닐 수도 있는 무형의 것이기에 스스로 해결하는 것만이 최선이다.

나도 지금 치매(癡呆)라는 중병을 앓고 있는 중인지도 모른다. 치매란 정신질환의 일종으로 본인은 아니라 하지만 남들이 이상하다 하면 이상할 수밖에 없다. 정상인과 비뚤어진 사람이 뒤섞여 사는 세상에서 우리는 항상 만성질환인 증후군에 시달리며 정신질환자로 산다고 해도 과언은 아니다.

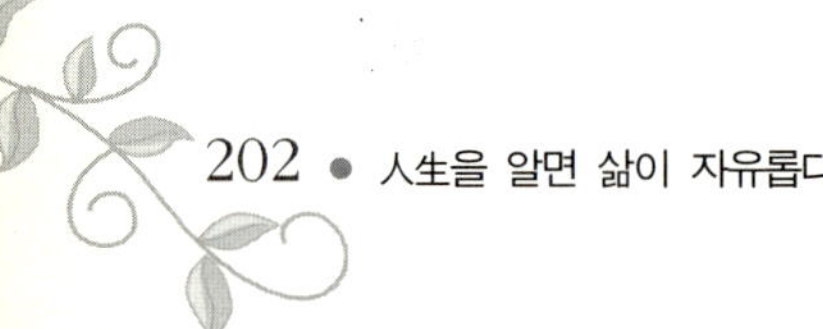

고집불통에 의혹덩어리로 미움과 증오에 넘쳐서 남의 말은 전부 부정하면서도 자기주장은 다 옳다고 고집하거나, 잔소리가 큰소리가 되어 자기이익은 다 챙기려는 나만이 제일이라고 착각하는 사람이라면 그 역시 정신질환을 앓고 있는 환자일 것이다.

참이라는 순백(純白)의 채색(彩色)되지 않은 흰 눈이 간밤에 소복이 내린 산하가 해오름으로 장관을 이룬 설경(雪景)….

그런데 우리가 살아가는 세상 속에서는 이렇게 아름다운 삶만을 살 수가 없다. 왜냐고 물어볼 필요도 없이 아무리 아름다운 순백의 눈도 그리 오래가지 못하니 말이다.

좋지 못한 습관이나 성품은 고쳐야 마음의 갈등이 사라진다는 것을 알았다. 마음의 갈등은 고통을 수반(隨伴)하며 스트레스라는 마음의 병을 만들어 심신을 불편하게 만든다. 악한 마음은 자신을 병들게 하고 남도 힘들게 하지만 착한 마음은 자신을 편하게 하고 남에게도 위안을 줄 수 있다는 것을 안다.

삶이란 나와 남이 공존하는 세계이다. 나를 생각하는 것 같이 남의 입장을 생각해 본다면 해답도 있다. 쥐뿔도 모르면서 아는 체하는 사람도 쥐뿔을 모르면서 사는 치매환자일 뿐이다. 쥐뿔은 분명히 없으니 '쥐뿔도 없는 놈'이라고 하면 아무것도 모르는 사람이라는 의미를 강조하기 위해 생겨난 말이다. 당연히 없는 것을 다 알면서도 그것에 비유함은 내가 말하려는 것을 강조하기 위함이다.

강조할 필요도 없는데 그것을 강조하여 또 다른 것을 얻으려는 얄팍한 마음, 그 돋보이려고 얼버무리는 것은 과연 무엇일까. 그들이 나를 생각하는 마음속에서 나의 참모습을 찾자. 그래서 내가 치매환자인지 알아보자.

'남들이 잔소리가 많다고 하지만 바른 말은 하고 싶다. 고집불통이라 하지만 나만이 제일이라고 억지는 부리지 않는다. 그렇다고 손발이 떨리거나 말초신경에 변화가 있는 것도 아니다. 무기력하고 입 언저리에 경련을 일으키는 것을 경험했는가. 머리가 무겁고 현기증도 느끼는가?'

아무리 판단은 자유지만 못된 환자 취급을 말았으면 한다. 이것은 나의 주관이자 판단이며 자신만이 아는 내홍(內訌)일 수 있다. 자신을 스스로 무너트리는 자만은 안 된다. 요즘 내분으로 안에서부터 무너진다고 한탄들을 하는 정당이나 단체들이 흔히 쓰는 말이 내홍이다. 내부(內部)부터 무너진다. 집안싸움으로 어지러워진다. 그러다가 옥신각신하게 되는데 그러면 안 된다.

우리말에는 작은 것을 크다고 과장하기 위하여 엄포를 놓는 말들이 너무 많다. 직설적으로 자기의사를 표현하지 않고 빗대어 말을 하여 체면 좀 세워보려는 마음에서 '영 입맛이…' 또는 '곳감이 접반이라도…'라는 말은 아무리 많아도 별 관심이 없을 때나 마음이 편치 않아서 입맛이 쓸 때 하는 말이다.

이런 속담이 생겨난 배경도 자기의사를 주관적으로 표현하지

못하고 객관적인 입장에서 말하는 것 같이 하여 자기를 숨기려는 속셈일 것이다.

우리말에 '후사(厚賜)례 한다'는 말이 있다. 후하게 물건 따위를 주는 것으로 어떤 일이 잘 끝나면 보답하겠다는 약속이다. 일종의 공약이다. 우선 일을 성사시켜 놓고 보자는 약속으로 '꼭!'이라는 것이 빠진 언약이다. 지켜도 되고 지키지 못해도 할 수 없는 약속은 사약(賜藥)이다. 사약은 왕족이나 사대부가 죽을죄를 범하였을 때 왕이 죄인에게 내리는 독약을 뜻한다. 오늘날에는 이러한 사형제도가 없지만 공약을 남발하고도 지키지 못하고 국민을 도탄에 빠트린다면 이런 것을 현대판 사약이라 할 수 있을 것이다.

서절구투(鼠竊狗偸)는 쥐가 물건을 훔치고 개가 남의 눈을 속이는 것을 말한다. 남모르게 숨어서 부당하게 물건을 취하는 좀도둑을 말한다. 정치후원금을 내고 한자리 얻어 그것을 미끼로 부당하게 이익을 챙기다 들통 난 인사들이 이에 해당되는 사람이다.

정치후원금은 누가, 왜 내는가. 정치를 잘해달라고 내는 것이라면 고맙지만 무엇을 잘해달라는 것인지 속내가 궁금하다. 잘하겠다고 뽑아 달라 큰소리치던 정권들도 다같이 과욕인지 무능인지 폭력과 사기 그리고 실책이 난무하는 시대를 보면서 아무 말 못하고 살아왔다. 정의가 상실된 정책인지 부정부패보다도 기회주의자들이 폭력을 앞세워 약자를 협박하여 재산을 가로채기도 하는 무리들을 완전히 소탕하지 못하고 오점만 남겼다.

과거 삼청교육대나 교도소를 갔다 오고도 그것을 자랑삼아 내세우는 무리들이 판을 치기도 했고, 알 권리를 박탈하려는 언론탄압인지 선량한 사람을 폭력배와 구별하지 못하고 뒤섞어 정화한다 했으니, 정화는 빛을 잃고 탄압만 고개를 치켜들어 정의는 상실되고 폭력과 빈곤이 대물림되었다.

"경제를 살려라, 집값을 현실화해라, 실업자를 구제하라" 등등의 이야기는 이제 흥미가 없다. 교육정책 하나만이라도 바로 세워라. 수시로 변하는 대학입시제도의 변화로 고교 교육이 수난을 겪는다.

이러한 교육의 갈등 속에서 자녀들을 우월하게 키우려는 부모들에게 사교육비의 부담이 해마다 늘어만 가도 강 건너 불구경하듯 수수방관(袖手傍觀)한다면 바른 정치도 바른 언론도 아니다. 바르다는 것의 판단은 다수의 국민이 공감할 때만 이루어진 것이고, 소수 힘 있는 자들의 변명은 수다(數多)를 떨어 현실을 모면(謀免)하고 보자는 일시적인 도피에 불가하다.

민심(民心)은 천심(天心)이다. 역천(逆天)자는 망하며 순천(順天)자는 존(存)한다는 진리는 만고불변의 진리라는 것을 기억하자.

당구풍월(堂狗風月)

한참 배울 나이에 취업 현장으로 뛰어들었다. 배우고 싶어서 주경야독(晝耕夜讀)을 실천하려고 야간강의를 듣던 시절이 기억난다. 아주 흥미로운 명강의에 매료되어 문학을 해보자 하고 마구 읽어대던 책이 '노인과 바다'이다. 늙어서 후회하지 말자는 생각으로 '노새, 노새, 젊어 노새'라는 말을 싫어했을 때이다. 젊어서 배우지 않고 놀기만 한다면 늙어서 어떻게 하겠다는 것인가.

현실의 생활 속에 얽매이다 보니 세상 사는 일이 내 뜻대로 되는 것이 하나도 없다. 직업도 취미도 생활방식까지도 변해버린 과거의 기억들이 꿈속에서 꿈 이야기를 하듯 몽중설몽(夢中說夢)의 소설 같은 인생을 살다보니 내가 하고 싶고 생각했던 것들은 아무것도 이룬 것이 없다. 지금이라도 나의 참모습으로 내가 하고 싶은 것을 해보자 하는 마음으로 세상 많이 살았다고 풍월을 읊으려고 한다.

주관적인 것보다도 객관적인 것을 택하여 세상을 바로 보아 내가 본 것과 남이 보는 것을 알아보자.

인생을 고해(苦海)라 했다. 즐거운 웃음을 웃고 싶어도 웃음을 참아야 할 때도 있다. 남의 잘함이나 불행을 시샘하여 웃는 고소(苦笑)를 비웃음이라 한다. 이런 비열한 웃음을 웃지 말고 좋은 일에 찬사를, 불행함에는 동정을 아끼지 않는다면 우리의 성공이라는 꿈을 반드시 이루어진다고 강조하고 싶다. 그러한 심정에서 지나간 일들을 산문(散文)같이 나열하니 흥미롭지도 못하다.

뚜렷한 전공도 없이 닥치는 대로 살아온 과거이다. 직장생활과 배움을 같이한 세월 속에서 전공분야보다 당장 필요한 것을 알아야 했기에 도강(盜講)이라는 방법을 썼다. 남의 강의를 엿들어 내 것으로 만들려고 동분서주(東奔西走)하다 보니 체계적으로 배운 것이 하나도 없다. 그러니 자신 있게 전할 것이 없지만 내 늙음을 보고 젊은이들이 저렇게 늙어서는 안 된다는 각오를 가지고 지금의 젊음을 소중히 여기며 알찬 삶을 살기 바라는 욕심에서 이런 글을 쓰며 읽어보기를 바라지만 과연 읽어볼까.

삶의 지혜라는 것도 보고 듣고 배우는 데서 얻어진 것들을 흉내내며 살아 왔지만 차츰 기억력이 감소되고 귀찮은 생각이 든다. 이런 것이 노쇠현상(老衰現狀)으로 늙어서 쇠약하고 기운이 없는 것을 말한다. 우리의 몸을 이루는 세포는 계속되는 소멸과 재생의 과정을 반복하면서 생명을 유지하고 있다. 이 세포 재생 과

정이 원활하지 못할 때 세포는 노화되게 된다.

생명체가 나이를 먹으면 신체 기능이 퇴폐(頹廢)되는 과정을 노화라 하니 흉측한 말 같지만 세포가 하나하나 노화되어 죽음이 진행되고 있는 과정이라 생각된다. 세포(細胞)는 모든 유기체의 기본구조 및 활동단위이다. 인간도 이런 단세포가 대략 100조 이상의 세포로 구성되어 있다고 한다.

부패(腐敗)는 미생물이 화학작용을 하여 질소를 품고 있는 단백질(蛋白質)이나 지방 따위의 유기물이 분해되는 과정에서 일어나는 현상으로 독특한 냄새가 나거나 유해성 물질이 발생하게 된다. 이때 발생하는 암모니아 가스에는 고약한 냄새가 난다.

사람에게서 악취가 나는 것도 늙어가는 과정에서 몸속의 불순물들이 부패할 때 생기는 냄새를 노인 냄새라 한다면 우리 인간도 어느 정도 일정한 고비를 지나면 새로 생겨나는 세포 수보다 죽어가는 세포 수가 많아지면서 나날이 부패해가는 과정을 겪고 있다는 것이 된다.

재생되지 않고 소멸되어 가는 과정을 퇴행성 질환이라고 하는데 이러한 치료 불가능한 병변(病變)을 앓고 있다면 본인은 심각한 고통으로 괴로워할 것이다. 흉측하게 변형되어 가는 몰골에서 악취를 풍기고 정신마저 온전치 못한 몰골로 마구 헛소리를 하는 환자라면 모두들 그를 외면하고 아예 모르는 척 피하게 될 것이다.

그런데 이런 병자를 불쌍히 여겨 따스한 물로 몸소 씻어주고 보살핌을 주신 분이 있다. 부처님은 어린 중생을 위해 고행하여 깨달음을 얻은 분으로서 불치의 환자도 직접 보살펴 주셨다. 이런 소식을 들은 많은 사람들이 부처님을 찾아와 "세상에서 가장 귀하신 분이 어찌 병들어 더럽고 천한 비구니를 위하여 몸소 씻겨 주십니까?"하고 물었다.

"내가 세상에 오게 된 까닭은 이렇게 궁하고 외로운 사람을 위해서 공양하면 그 복이 한이 없을 것이며 공덕이 쌓이면 반드시 얻게 된다." 그리고 산기슭에 죽은 곤충의 시체 하나를 보고, "지금 우주 안에 이 곤충의 죽음을 아는 이는 아무도 없다. 우리 중생도 이와 조금도 다르지 않다."

그런데도 사람들은 영원히 병들지 않을 것처럼 노인을 멀리 하니 부처님은 중생의 이런 마음을 보고 한없이 슬픔에 잠겨 계신다는 내용으로 법구경에 있는 글이다.

이러한 작은 앎이라는 것도 당구풍월로 살아오면서 자연적으로 배운 것이다. 이 세상에서 순수하게 나만의 것이 얼마나 될까. 내가 좋아하고 갖고 싶은 것 그것이 물건이나 사랑이라는 추상적인 것이라도 나를 거부한다면 내 것이 아니다. 내 것도 아닌 사랑이 다가오기를 기다려도 보지만 그런 것이 다가올 수 있을까. 하지만 그런 사랑이 있다면 자애(慈愛)라는 무모님의 사랑이다. 부모가 물려준 100조나 되는 세포가 나를 구성하면서 많은 날들을 살아왔지만 이제 늙어가면서 나를 구성하고 있는 세포들도 재생 능력

을 상실했는지 잔주름만 깊어간다.

이제는 내가 좋아하는 길을 가자. 세상 사는 길이 천차만별이라 했거늘 언제나 그 길을 다 알 수 있을까.

천지는 만물이 머물 수 있는 여인숙(旅人宿)이며 세월은 영원토록 지나가는 길손이라 했다. 이유도 묻지 말고 따지지도 말자. 허무하다, 맹랑하다 하면 자신이 너무 초라하다는 것을 알았다. 감정적인 갈등이 있었다면 빨리 정리하자.

온 천지가 우리들이 살아갈 무대가 되기에 주어진 짧은 인생이 다할 때까지 즐거운 마음으로 사는 것이 나의 가치를 아는 것이다. 이런 삶이 지금까지 배우고 느끼고 그리고 가르치면서 살아온 삶이다.

이렇게 쇼(Show)를 하는 것 같이 살아왔으니 우리 모두 다 같이 즐거워할 쇼를 한다면 마음껏 즐기면 될 것 같다.

우리는 눈을 감고 걷지 않고 뛰어왔지만 많은 돌뿌리에 걸려도 넘어지지 않고 너무 아슬아슬한 길을 운 좋게 왔을 뿐이다. 이제는 살 만큼 살았다. 죽음을 불사하며 죽기 살기로 덤비지 말자.

"죽기를 작정하면 살 것이고, 살기를 원하여 피한다면 죽음뿐이다"라고 한 말들은 국운의 갈림길에 선 병사들의 최후 일전의 결심이다. 이런 최후의 항전은 다만 풍자(諷刺)한 말로써 정의를 위해서는 최선을 다하라는 말로 이해하면 족한 것이지만 우리 사회는 이런 풍자들을 코미디언의 넉살스러운 말씨로 유행시키기도 한다.

"경찰관과 소방대원이 싸우고 있다. 누가 이길까?"

그야 경찰관이 당연히 이긴다고 하겠지만 틀린 답이다. 소방관이 이긴다. 소방관은 물불을 가리지 않고 덤벼드니 누가 그를 당하겠는가.

"그럼 소방관과 노인이 싸움을 한다면?"

당연히 소방관이라고 말하고 싶지만 대답이 궁금해질 수밖에 없다. 노인이 이긴다. 노인은 살만큼 살았으니 이제 죽어도 걱정이 없기 때문이다. 물불을 가리지 않던 소방관도 죽음도 불사하는 힘없는 노인에게는 속수무책이다. 이러한 풍자가 우리를 잠시 즐겁게도 해주고 서글프게도 한다.

풍자문학이란 인물이나 사회의 불합리나 모순 등을 비유하며 뾰족한 칼끝으로 찌르는 것과 같은 글이다.

우리는 믿음이라는 것을 중시하고 산다. 무지(無智)에서 믿음으로 깨우쳐 생활한다면 그에게는 진정한 믿음이라 할 것이다. 그러나 그 믿음을 남에게도 옳다고 가르치려 한다면 남도 그것이 과연 옳다고 여길 것인가.

나만의 정의는 모두가 공감하는 정의가 될 수 없다. 나만 알고 있다고 자만하는 것은 내가 무지하기 때문이다. 남은 그것보다 더한 것도 알고 있으니 내가 조금 안다고 호들갑스럽게 남에게 과시하지 말자.

남을 깨우치게 하려는 외침이 무지에서 깨우치게도 하고 잊고

있는 것을 되새기게도 한다면 명강의나 명설교라 하지만 하나마나한 소리로 얼버무리는 강의는 잔소리에 지나지 않는다. 그러나 공자 앞에서 문자를 써도 조용히 들어주며 웃을 수 있는 사람이라면 그는 진실을 아는 공자일 것이다.

"천국이 가까웠다. 회개하고 천당을 가야 한다"라는 복음을 전하고 다니는 아줌마든, 부처님의 진리를 따라 영생극락 하라는 보살님들에게 감사드릴 뿐이지만 이 세상에는 용서 받을 사람은 많은 것 같은데 다들 구원 받기를 원치 않는 것 같다.

워낙 잘못이 만연하니 이 정도는 법으로도 참작한다는 가진 자들의 거만함과 "내가 과거 이런 일을 한 사람인데!"라며 큰소리치면 풀려나기 일쑤이다.

법이란 누구에게나 공평해야 하는데 약한 자, 힘없는 자들이 잘 지키고 살면 되는 것이 법치주의국가란 말인가.

이런 혼미(昏迷)한 세상 그저 어지러울 뿐이니 화해와 협력을 전제로 하는 불일치된 정책의 남북 화합의 무드도 과거 현실에 맞는 것인지 아닌지 하는 그런 말장난질도 다들 흥미가 없다.

권불십년(權不十年)이라는 말이 있다. 권력이 아무리 막강해도 10년을 유지하지 못한다는 말이다. 그 말이 맞는지 우리는 5년마다 정책이 바뀐다. 10년이면 강산도 변한다고 했다. 그러나 무엇이 달라졌는지 실감나지 않는다. 바뀐 것은 과연 무엇이 있는가.

아직도 우리는 남과 북이 갈리어 고통을 겪고 있다. 이산가족

상봉도 해보았건만 반가워할 이산가족은 잠시 눈물 흘리고 부둥켜 앉고 아쉬워했을 뿐 생각도 이념도 서로가 다르니 반가움은 잠시 허전함이 전부이다.

저분들이 과거 우리 가족이던가. 맞기는 맞는 건지 알쏭달쏭하지만 좋아도 싫어도 그저 형식적인 안부정도만 나누고 기약 없이 남남으로 되돌아오니 끌어안고 칭찬하고 격려하는 것도 보기 민망하고 망측하다.

패자도 승자도 없는 남북관계, 국민의 동의 없는 정책은 옳다고 해도 부작용을 일으키기 마련이다. 경제를 살리고 아파트를 반값으로 공급하겠다는 말을 너무 많이 듣고 살았다.

다 잘사는 것도 중요하지만 그런 것도 원하지 않는다. 열심히 일하여 잘사는 세상을 원한다. 게으름을 펴다가 못사는 것은 그들의 책임이다. 다 같이 일하고 다 같이 잘살자는 것은 이론일 뿐, 이렇게 하면 공정한 세상이라고 꼬집어 평할 줄 모르니 생각나는 대로 일기장에 낙서를 하며 스스로 자신을 위로하며 살아간다.

'인생 70을 뒤로 돌려라! 아니 10년만 돌렸으면…' 하는 하나마나한 소리를 하니 이제는 말씨나 행동거지가 예전과 다르게 민첩하지 못하고 생각하는 것이 어딘지 모르게 덜된 사람 같다는 것을 느낀다.

혹시 이런 것이 늙어간다는 치매(癡呆)라는 것인가 의심하기도 하니, 정신적 증후군인가 병적인 증후군인가. 나서서 바른말

한마디 못하고 숨어 사는 주제에 생각만으로는 기발하다 자위하며 사니 아내에게 늘 핀잔만 받기 마련이다.

쥐뿔도 모르면서 아는 체하면서 쥐꼬리만 한 봉급으로 3남매 대학 최고학부까지 공부시켰다고 큰소리쳐 보지만 그런 것은 누구나 다 하는 것이라고 핀잔받기 일쑤이다.

쥐꼬리 월급을 받았지만 연금이라는 노후대책의 길이 열리고 보니 쥐꼬리가 아니라 개꼬리 정도는 된 것 같은데, 세상에는 양심을 저버리고 돈벌이에 혈안이 되어 쥐나 개만도 못한 사람들이 늘어나고 있다.

쥐해에는 대들보 위에서 꼬리를 내려뜨리고 주인이 잠들기만을 기다리는 도적처럼 꼬리 하나도 제대로 감추지 못하고 눈 감고 아웅 하는 고양이를 속이려 들다니 어리석은 도적들도 많다고 한탄한다. 세상 물정 아무것도 모르면서 양상군자(梁上君子)처럼 날로 설쳐대는 경제사범이라는 도적들을 훈계할 방법도 모르면서 한탄만 하게 된다.

인생 인고(忍苦)라는 것을 다 체험해 보았다. 이빨 빠진 호랑이지만 그래도 호랑이이기에 그를 두려워한다는 말이 있지만 아직은 썩은 준치라고 쥐뿔도 모르고 쥐꼬리 봉급생활로 얻은 연금 덕택으로 노후를 보낸다. 그것이 내 청춘과 바꾼 보상이라면 그것의 값어치 치고는 너무 초라할 수 있지만 그래도 고맙게 여긴다.

그래, 이런 것이 인생이라며 나를 찾아 헤맨다는 말도 안 되는 변명으로 자신을 정당화시킨다. 나는 나다. 나도 나로 살고 싶을 뿐이다. 늙었다 서러워하지 말고 젊음을 탐하지도 말자.

"이 세상의 젊은이들에게 고(告)한다. 늙음을 희롱하지 말라. 젊음은 늙음의 시작일 뿐이다!"

충풍지말(衝風之末)

아무리 맹렬하고 강력한 바람도 끝이 있기 마련이다. 힘을 다한 바람 끝에는 그 힘이 기러기 털도 날리지 못하는 작은 바람일 뿐이다. 지난날 통달했던 삶의 지혜도 패기(覇氣)라는 용기도 세월이 가면 폐기(廢棄)되어 버리는 것이 자연의 이치이다. 나만이 통달한 것처럼 설치지 말자.

통달(通達)이란 있을 수 없는 것이며 다만 그 일을 조금 잘하는 것은 달인(達人)이라고 할 뿐이다. 누구나 달인은 될 수 있다. 하고 있는 일을 남보다 조금 잘할 수 있다면 달인으로 취급할 수 있지만 통달과는 거리가 멀다.

가장(家長)은 한 가정의 대표이다. 가정의 주인장은 많은 것을 통달하여 가정을 잘 다스려야 하고, 직장의 장 역시 회사 전체를 알아야 한다. 특히 군대는 병과별로 달인이 되어 주어진 분야에서 충실해야 하지만 장군이 되려면 전술(戰術)과 전략(戰略)적인 달인이 되어야 명장이 될 수 있다.

이렇듯 국가를 다스리는 최고의 수뇌는 모든 분야에 통달한 신(神)적인 존재로 하늘이 낸다고 하니, 과거 천자(天子)라 일컫는 의미를 되새겨 보면 최고의 자리에 앉기가 얼마나 어려운 것인지 알았으면 자질을 갖춘 후 도전해야 한다. 쓸데없는 국력 낭비인 쇠고기 싸움이든 대운하든 이제는 그만하고 진정한 국익에 도움이 되는 것을 생각하자.

한우 농가 농민 여러분, 죄송합니다. 정성들여 기른 쇠고기를 팔아주지 못해서. 한우가 맛도 좋고 안전하다는 것 알고 있지요. 그러나 너무 비싸고 귀하니 좋아해도 못 먹는 서민들의 심정도 한우농가농민의 심정과 같거든요. 쇠고기 때문에 FTA 협상 방해한다고요? 천만에 말씀입니다. 쇠고기 수입 절대 반대 안 해요. 질 좋고 값싼 것을 누가 싫어해요. 우리가 원하는 것은 질 좋고 병 없는 것을 원하는 것뿐이지요. 왜 30개월 미만만 달라는데 말이 많지요. 살코기만 달라는데 위험한 뼈까지 사가라고 하나요. 광우병이 발생하면 안 먹겠다는데 억지로라도 사가야 한다고요? 안전하다고요? 원산지 표시 철저히 하고 단속을 강화하여 우리 한우 농가를 보호한다고요? 그런데 또 섞어 팔고 둔갑시켜 속여 파는 것은 왜 못 말리는지 그것이 알고 싶거든요. 또한 믿고 말고 할 것도 없다는 국민이 많다는 걸 알고 있나요. 아무리 싸고 질이 좋아도 돈이 없어 못 먹는 사람들의 심정을 건드리지 말고 싸움은 그만 합시다. 잘 먹고 죽은 귀신은 때깔도 좋다 하대요. 먹고 죽으려

고 해도 돈이 없어 못 먹는데 왜 싸움질을 하나요. 빈부격차가 하늘과 땅인데 없는 사람 먹고 죽으려 해도 돈이 없거든요. 한우는 보약이고 수입쇠고기는 독약이라 하지만 보약 먹고 몸보신은 못해도 수입고기라도 실컷 먹었으면 죽어도 원이 없지만 그것 거저 줄 수는 없나요. 배부른 소리 하지 말아요. 섞어 팔고 속여 팔아도 우리 서민은 괜찮으니까 맘대로 하라고요. 아무리 싸워대도 쇠귀에 경 읽기, 우이독경(牛耳讀經)이라고 하거든요. 알아듣지 못하는 경전은 영어로 읽지 말고 우리말로 번역 좀 잘해서 읽어주세요. '한우사랑 나라사랑'이라고요. 한우가 좋다는 것 믿습니다. 속여 팔지 않게 단속을 철저히 한다면 한우는 사랑받을 수 있지요.

그런데 광우병과 관련하여 왜곡 보도된 PD수첩의 각종 인터뷰 내용을 가지고 시끄럽다. 언론이 사실이 아닌 것을 왜곡보도하면 지탄받을 일이다. 언론보도는 사실을 근거로 정확한 보도가 생명이다. 그런 보도내용이 전문가의 연구자료 등이 담긴 영상보도를 인용하고 곁들여 사실과 다른 동영상에 자막 처리하여 관련 있는 것같이 비쳐진 것이 문제인지는 몰라도 "자라 보고 놀란 가슴 솥뚜껑 보고도 놀란다"라고 주저앉아 사지(四肢)를 못 쓰고 허우적거리는 소를 보고 광우병으로 의심하는 것은 당연지사이다. 꼭 주저앉은 소인 다우너 소라고 다 광우병에 걸린 소는 아니지만 주저앉은 소는 정상의 소는 아닌 것이 사실이라면 너무 시끄럽게 굴지 않아도 알 것은 다 아는 국민들이다. 무분별한 수입개방으로 인한 과정에서 발생한 일들이 너무 소란스러우니 어느 것이 광우병에 걸린 소인지 아닌지 참인지 거짓인지 그것이 아니라 질 좋은 안전한 것을 원할 뿐이다. 주객전도(主客顚倒)라는 말대로 어느 것이 옳은 것이지 그른 것인지 잘잘못을 따질 여력도 없다. 국민이 원하는 것은 촛불시위도 정책적인 싸움도 흥미를 잃었을 뿐이니 이제는 타는 촛불도 꺼져가고 흘린 눈물자국이나 닦아주었으면 하는 마음에서 시 한 수 소개하자.

납촉유심환석별(蠟燭有心還惜別)
흐르는 촛물도 이별을 아쉬워하는 마음 아는지,
체인수루도천명(替人垂漏到天明)
사람을 대신하여 날이 밝도록 눈물 흘리고 있구나.

이제 마른 눈물 자국을 닦아 주고 다시 눈물 흘릴 일이 없도록 하자. 그러니 대운하(大運河) 그것은 마음대로 하세요. 인천에서 충주까지든 부산에서 문경까지든, 조령고개에 터널을 파든 그리고 목포 영산강 포구에서 광주까지 파고 넓히든, 금강 하구에서 충청도 일대를 파헤치든 국가 이익이 되면 하면 되지요.

자고로 나라를 다스리는 데는 치산(治山) 치수(治水)라 했지요. 산과 물을 잘 다스려야 재해를 막는다는 말이지요. 그러니 어떻게 다스리는 것이 치산이고 치수인지 정답이 있다면 정답을 따르면 되지만 오답을 정답으로 고집하지 말았으면 하거든요. 수해

를 줄이고 수자원을 안정적으로 확보하기 위해서 꼭 필요하다구요? 하천을 정비하여 물줄기를 이용해서 교통량을 분산시켜 교통 체증을 없애고 물동량 운송에도 많은 도움이 되어 경제적으로 유리하다고요?

맞는 말이지요. 하지만 그것이 문제지요. 홍수조절도 좋고 물동량 운송도 좋지만 가뭄이 계속되어 갈수(渴水)기가 되어 물 흐름이 적어지면 고인 물은 썩거든요. 자연파괴는 생태(生態)계를 교란(攪亂)시켜 이상(異狀)증후(症候)군이라는 것이 일어나거든요.

내륙이 거대한 호수로 변하면 잦은 안개로 비행기 이착륙은 물론이요, 농작물(農作物)에도 막대한 영향을 미치거든요. 잘 다듬어진 강줄기는 깨끗해서 좋지만 아기자기한 맛이 없거든요. 한적한 환경에서 자라던 우리 고유의 물고기들은 경기(驚氣)를 일으켜 미쳐버리면 그것으로 인해 인간 광어(狂魚)병이 발생할지 누가 아나요.

매사진선(每事盡善)이거든요. 매사진선(每事盡選)하는 것은 결정자의 자유지만 국민은 진선(珍膳)이라는 보배로운 선물을 바라거든요. 우리도 우리만의 GATT(관세 및 무역에 관한 일반협정)를 만들어 자국민 좀 보호하는 법을 만들 수는 없나요!

쓸데없는 생각을 하다 보니 머리가 터질 것 같다. 이러다 심혈관 질환이 생길 것 같다. 예방에는 한잔의 와인이 좋다는데 예방

차원에서 와인 한잔 했으면 좋겠다.

와인은 심혈관 질환을 예방하고 노화(老化)를 막는 항산화 효과가 큰 것으로 알려져 있고 콜레스테롤 수치를 낮춘다는 연구 결과도 있지만 효과라는 것은 알맞게 마셔야 하는 것이지 과음한다면 독주(毒酒)가 된다. 우리가 말하는 반주(飯酒)는 매 때마다 마시는 한 잔의 술로 와인이든 곡주든 알맞은 양은 관계가 없지만 모든 음식은 아무리 영양 덩어리라도 과하면 탈이 나는 것이다.

한잔의 모닝커피는 뇌에 활력소를 제공한다. 커피 속의 카페인 성분은 기분을 좋게 해준다. 그렇지만 커피뿐만 아니라 건강에 좋다고 하는 한잔의 반주도 계속되면 중독현상이 일어날 수 있다. 술이나 기호식품뿐만 아니라 매일 대하는 식사도 과식하면 부작용을 일으키니 소식다회(小食多會)라는 말이 생긴 것이다.

좋다고 앞서지 말고 확인하고 조금 천천히 가자. 빠른 일처리는 결국 하자를 낳는다. 하자(瑕疵) 없는 일처리를 기대하며 다 같이 건배(乾杯)합시다.

화풀이(回嗔作喜)

회진작희(回嗔作喜)라는 말이 있다. 성을 내었다가 도리어 슬쩍 기뻐하는 것을 말한다. 일종의 화풀이다. 우리는 많은 세월을 살면서 온갖 것을 보며 살았다.

민주화도 햇볕 정책도 좋다. 개혁정책도 경제를 살리고 물가를 잡는다는 말도, 쇠고기 수입개방도, 호언장담(豪言壯談)하는 정치도 다들 정치인들의 생각대로 끌고 갈 것이지만 내가 생각하는 내 마음은 아무도 그들 마음대로 못할 것이다. 나는 나로 살고 싶을 뿐이다.

퇴직 후 할 일은 아침에 일어나 공원길을 돌며 무수히 이어지는 아파트 단지 주변에 잘 가꾸어 놓은 산책로를 한 시간 정도 무작정 걷는 것이 유일한 일과로 운동(運動)삼아 걷는 것이 하루의 시작이며 그 나머지 시간은 별로 할 일이 없으니 시간이 너무 많은 것이 흠(欠)이라면 흠일 뿐이다.

한적한 거실에 앉아 조간신문을 읽어보지만 신통한 것이라고는 하나도 없다. 이렇게 따분할 때 생각나는 것이 있다면 어려서 거닐던 옛 고향집 근처 동산이나 계곡의 맑은 물이 생각난다.

자연을 가까이 할 수 있는 그곳에 아담한 집을 짓고 조용하고 경관(景觀)이 수려(秀麗)한 곳에 머물고 싶다. 늙어서 갈 곳 없는 동년배 노인들과 편히 지낼 수 있는 실버타운 같은 집을 지어 옛정을 나누며 위안(慰安)을 주고받는 것도 그려보았다. 하지만 지금 기거하는 집 하나가 전부이니 아무런 대안도 세울 수 없이 혼자만의 생각인 꿈을 이루기엔 역부족일 뿐이다.

그저 고심하며 허송세월(虛送歲月)만 하고 있는 허울 좋고 팔자 좋은 이름뿐이고 한물 간 퇴직자일 뿐이다. 한때는 나도 잘나갈 때가 있었다고 말하기가 부끄러울 뿐이다.

그래도 나름대로 머릿속에 든 것은 많으나 확실하다 자신 있게 말할 수 있는 것이라고는 하나도 없다는 자책으로 지금이라도 확실히 알아야 한다면 책도 보며 많은 생각도 해보지만 모든 것이 혼란스럽기만 하다.

산촌에 같이 이웃하여 살던 어릴 적 많은 얼굴들이 떠오른다. 출세하여 서울에서 잘 살고 있는 사람들도 있고 일찍 죽어 고인(故人)이 된 분도, 행방불명(行方不明)된 지 오래되었지만 지금까지 소식이 없다는 사람도 있다.

가까운 고장에 산다고 하지만 쑥스러워 소식을 전할 수도 없고

알려고 할 염치(廉恥)도 없으니 '이렇게 살다 그렇게 가는 것인가!' 하니 이런 것도 허구(虛構)인지 진실(眞實)인지 허전하기만 하다.

모처럼 고향(故鄕) 선산을 찾아가는 성묘 길에서 낯익은 얼굴을 보았다. 많이 본 듯한 반가운 얼굴인데 알 길이 없다.

"실례인 줄 알지만 누구신지 많이 낯익은 얼굴인데…."

말문을 열고 다가가니 의외로, "아저씨, 안녕하세요! 아무개 하는 분이 저의 아버님이신데요…."

"그럼 그분의 딸아이가… 그래 맞다. 어쩌면 그 아버지 어머니를 그렇게 닮았는가. 내 너를 코 흘리게 어릴 적에 보았건만 이제 같이 늙어가니 이런 것이 세월이 무상(無常)하다는 것이구나."

해맑은 눈망울을 보니 과거가 기억난다. 같이 늙어가지만 어찌 그렇게도 옛 친구를 빼어 닮았는가. 내 친구의 소식이 자못 궁금하여 부모님 안부를 물어보려 하였건만 깜짝 놀라 정신을 가다듬었다. 그러면 그가 저 산속에… 우리와 유명(幽冥)을 달리한 고인(故人)이란 말인가.

넉 잃고 서있는 나에게 부모님은 오래전에 돌아가셨고 본인은 서울에서 산다고 하였다. 부모님께서 늘 어르신네 이야기를 자주 들려주어서 안다고 하면서 다시 예(禮)를 다해 고개를 숙인다.

오늘이 아버지 기일이라 산소를 찾아 성묘(省墓)하러 왔다는 친구의 2세들이다. 아리송한 기억들을 그들의 눈망울 속에서 떠올리며 놀랐다. 어쩌면 저렇게도 닮았는가. 자태(姿態)도 말씨까지 흡사(恰似)하다.

한 고장에서 그것도 이웃사촌으로 살았던 그들의 행방이 궁금했지만 알 길이 없었는데 우연한 행운이라 여기기엔 너무나 아쉬운 순간들이다. 산길 좁은 길에서 다정했던 이웃의 2세를 만나고 보니 산촌으로 돌아오고 싶은 충동이 일렁인다.

모처럼 찾은 고향에서 새로운 만남으로 인해 폐허(廢墟)같이 적적한 고향, 이제는 잊혀져가는 고향이지만 다시 오고도 싶은 희망을 일깨워준다. 하지만 마음속 바람일 뿐이다.

내가 이런 허허(虛墟) 산중에 집을 짓는다고 하면 아마도 절을 지려나보다 하고 비웃을 것 같지만 지금 내 몰골이 승복(僧服)만 입으면 영락없는 대사님 같을 것이라며 그 모습을 떠올려본다.

그래, 이런들 저런들 어떠하랴. 비웃는 소리쯤 아랑곳하지 않고 산중 은거(隱居)하며 마음 편히 살고도 싶지만 많이 소요되는 경제적 비용이나 자연환경(自然環境)을 무분별하게 파괴(破壞)하는 것이라는 사실을 알기에 이루지 못할 일을 그저 머릿속으로만 그려본다.

희망도 가져 보고 좌절도 해가면서 하루해를 좁은 거실에 홀로 앉아 고민 중이니 분노는 가슴에 남고 행동으로 옮기지 못하니 감정을 삭인다는 것이 참으로 어렵고 어려운 것이다. 와신상담(臥

薪嘗膽)이라고 낙서를 해보며 쓰디쓰고 값비싼 웅담(熊膽)을 주책(誅責)도 없이 왜 먹으려 한단 말인가.

자존감(自尊感)은 명분뿐인 자존심(自尊心)이니 참을 줄 알아야 한다. 많이 생각하는 것 그것은 고민(苦悶)일 수도 있지만 행복일 수도 있다. 생각이 많은 사람 그것은 남들이 보면 넋이 나간 사람같이 보일 수 있지만 본인에게는 아주 값진 시간일 수도 있다.

세상 사는 법이 그리 쉽지만은 않은 것이다. 어렵게 생각하면 한없이 어렵고 복잡하지만 단순(單純)하게 생각하면 참 편리한 것이 인생사일 수도 있다. 흔히들 '왜 그렇게 살아!' 하지만 내게 닥치면 그렇게 쉬운 것이 아니니 지나고 나면 무책임(無責任)하게 자신을 속이고 기만(欺瞞)한 일들이 너무 많은 것을 알게 될 것이다.

이제 인생 다 산 것 같이 무책임하게 "복(福) 받을 짓을 했으면 복을 받을 것이고, 죄(罪) 받을 짓을 했으면 죄를 받겠다"고 호언장담(豪言壯談)을 하지만 그것은 무책임한 자신을 변명하는 것임을 안다. 무책임(無責任)한 자기도피, 복은 받을 만치 받았고 죄 값도 지은 만큼 받았으니 이제는 깨끗한 것만 남았다 하지만 그런 것도 자신만의 생각일 뿐이다.

'우리의 죄를 사해주시고…'하는 기도문(祈禱文)을 외워도 보았지만 지은 죄는 죄니 속죄한다고 그 죄를 사해줄 이는 아무도 없다는 것을 안다. 다만 사죄(謝罪)하면 어느 정도는 사해질지 모르지만 죄를 짓기 이전의 무(無)로 돌아간다는 이론(理論)은 어색하니 부끄러운 일을 하면 안 된다는 생각을 하게 된다.

하지만 아무도 없는 자연환경 속에서 자연적으로 일어나는 생리적(生理的) 현상이나 무의식(無意識) 속에서 일어나는 행위(行爲)로써 침이나 오물(汚物)을 아무 뜻 없이 버리고 그것을 후회하면서도 아무도 없는 텅 빈 공간에 있으면 세상 모두 내 것인 양 우쭐하여 큰소리로 "바른 마음으로 바르게 삽시다!"라고 세상 사람들에게 고한다.

인생사 그렇게 만만한 것이 아니다. 짧은 것도 긴 것도 결코 아닌 인생길, 하지만 길다면 아주 길 수도 있다. 모든 것을 긍정적으로 생각하며 진취적(進取的)이고 가능한 것을 찾아보자.

허망된 것, 그것은 나를 병들게 한다. 고질병(痼疾病)에 걸려 1년밖에 못 산다 해도 그 시간이 결코 짧다 생각하지 않으면 그는 1년을 아주 값어치 있게 살 수도 있다. 그러나 아무리 건강하고 재산이 많아도 오래 행복하게 산다는 보장이 없는 것이 인생이다.

자만(自慢)하고 방심(放心)하면 불의의 사고로 인해 1년밖에 못 산다고 사형선고를 받은 사람보다 더 짧은 생을 마칠 수도 있는 것을 많이 보고 살았기에 한 치 앞도 모르고 사는 인생이다. 그러니 오늘 이 시각이라는 것이 얼마나 중한 것인가.

오늘이 무슨 날인가. "어제 죽어 오늘을 못 보고 간 사람이 그렇

게 살기를 열망하던 바로 그 날이다."

그러니 오늘을 사는 우리는 늘 감사하는 마음으로 살아야 한다. 지금은 백수(白壽)를 누린다고 하면 백에서 하나를 뺀 99를 말한다. 우리가 흔히 말하는 1세기가 백이다. 백을 살려면 50대는 절반이 남아있다. 정년퇴임을 하고도 30년 이상이라는 많은 시간이 남아 있다. 조급하게 낙담하지 말자.

지금 노인(老人)의 정의(正意)를 나이로는 결정지을 수 없으니 노인이라는 말을 함부로 써서는 안 된다.

"이제 살만큼 살았다. 당장 죽어도 여한이 없다…."

"그런 말씀 하지 마시고 백수(白壽)하셔야지요!"

"예끼, 이 사람! 나더러 내년에 죽으라고? 고얀 것…."

이렇듯 화를 내며 생에 집착하는 99세 옹(翁)에 대해 풍자한 이야기이다.

백수(白壽)는 머리가 희도록 오래 살라는 의미지만 백수(百壽)로 오해를 일으킬 수 있는 것이 한자(漢字)이다. 오래 살라는 백수가 백 살로 한정하여 못을 박는다면 99세 노인은 허탈할 수 있다는 말이다.

그 많은 인고(忍苦)의 세월, 그것을 후회해도 절대로 성공에 앞설 수 없으며 현실은 냉담하다고 하지만 그렇게 영원히 지속되지 않는다. 기복(起伏)이라는 것이 항상 따르는 것이 인생여로

(人生旅路)이다. 오르면 내리막길이 있기 마련이다. 한없이 오르막길만 있다면 오름을 포기할 것이다. 묵묵히 걸어가는 자는 앞으로 나갈 수 있지만 포기하는 자는 제자리에서 맴돌 뿐이다. 어저께 오르려다가 좌절하여 울던 사람이 오늘은 일어나서 크게 웃기도 하는 날이다. 어제 부끄러워서 피했다면 오늘의 기쁨을 못 보았을 것이다. 그래서 우리는 오늘 지금이라는 이 시점을 가장 중요시하고 살아야 한다.

뒤는 내가 걸어왔기 때문에 잘 알고 있지만 앞일들은 아무도 모른다. 그 모르는 길을 가려고 한다. 그러니 그 길이 기복(起伏)도 함정(陷穽)도 그리고 순탄(順坦)할 수도 있으니 조심조심 가는 자만이 바른 길을 찾아가게 된다.

멈춤도 없이 그리고 포기(抛棄)해서도 안 되는 정도(正道)의 길, 많은 업적(業績)을 남긴 사람이 걸어온 길은 길지만 무위도식(無爲徒食)한 사람이 걸어온 길은 짧기가 그지없을 것이다.

'짧은 인생, 긴 예술'이라는 말이 어떻게 사는가에 따라 좌우되는 것이지 정해져 평가(評價)된 길이 아니다. 행한 업적에 따라 결정되는 것이다 뛰는 자는 빠르게 갈 수 있지만 빠름이 최상일 수 없으니 하나하나 알아가며 천천히 적당한 속도로 조절해가며 앞, 좌우 그리고 뒤도 돌아보고 위도 한번 쳐다보자. 그러면 후회할 일이 없을 것이다.

안식처(安息處)

편히 쉴만한 곳을 말한다. 아무 탈 없이 지낼 만한 안락세계(安樂世界)로 천당(天堂)이나 극락(極樂)이라 할 것이지만 믿음을 갖추지도 못한 사람이 구원을 바라는 것은 어불성설이고 과욕일 뿐이다.

아리송한 세상이라 하지만 그런대로 편안한 마음을 가지고 살려고 했는데 그게 잘 안 되니 말이다. 많은 사람들이 살기 힘들다는 말을 자주하니, 세상살이가 힘이 드는 것은 나만이 아니라 많은 사람이 겪는 것 같다. 힘이 든다는 것은 하기 싫은 일을 억지로 하기 때문이며, 하고 싶은 일을 하면 즐겁고 힘도 들지 않는다는 것을 체험하고 살아온 내 생각이 잘못일 수도 있다는 말인가 하는 의문도 가져본다.

하고 싶은 일을 해도 소득도 없고, 하고 있는 일마저도 못하게 막는다면 힘들고 짜증스럽겠지만, 요즘 생각지도 않은 사건들이

나 생소한 말들이 마구 쏟아져 나오고 있으니 어리둥절해진다.

한때는 386세대라 하여 권위주의적 정권시대에 맞서 당당하게 민주주의를 부르짖으며 군사정권에 항쟁(抗爭)하여 타도(打倒)하자고 외치던 혈기 넘치던 세대도 지나갔다.

탈(脫) 권위주의로 기성세대를 거부하며 '나는 어제의 내가 아니다. 지금의 나는 내가 느끼고 생각하는 대로 살고 싶다'며 기존의 문화를 거부하던 X세대들도 2000년대에 들어서면서 시들해지고 새로운 N세대가 등장했다.

인터넷이 대중화되면서 급속도로 변천해 가는 사회의 과정을 조심조심 지켜보면서 과거 내가 살아온 길은 대의명분(大義名分)만을 중요시하는 이념의 갈등 속에서 내 자신이 중요한 것이 아니라 '어떻게 처신하여 사회에 적응하고 살아야 할까'라는 것이 과제였다.

백성은 권력자의 사상과 이념에만 눈치를 보고 기업은 정경유착이라는 청탁과 각종 특혜 속에서, 노사의 구분도 주인과 머슴이라는 고용(雇傭) 관계 사이에서 벙어리로 살아온 세대들도 점점 사라져 가고 있다. 그래서 이제는 과거 기성세대들의 고리타분한 말들은 그 유효성이 점점 희박해지고 있다.

정부가 국민의 마음을 헤아리지 못하고 기업인도 종업원의 처우 개선이나 요구조건을 충족시켜 주지 않으면 경영을 지속할 수 없으며, 결국 도산하게 된다는 현실 앞에서 방황할 수밖에 없다.

지금의 현실은 나와 국가라는 계념보다 나와 세계라는 큰 틀 속에서 나는 나라는 독자적(獨自的)이고 독단적(獨斷的)인 나만의 능력으로 재미있게 그리고 열정적으로 살자는 인터넷 세대로 이어지고 있다.

IP세대(독자적 생산자)라는 말로 자신만의 공간에서 즐기는 것을 좋아한다는 새로운 말들이 생겨나고 있으니, 10년이면 강산도 변한다는 옛말도 현실에 맞지 않고 수시로 변해가니 강산이 아니라 세계가 변해가고 있다.

이런 변천의 소용돌이 속에서 '뜨겁고 시원하게'라는 'Hot & Cool'하다는 말처럼 지금의 현대적 생활방식인 자유 분망한 젊은이들을 이해하기란 쉽지 않다.

과거의 타성에만 물들어 있는 안이한 70대들이 생각하던 안거낙업(安居樂業)의 편안한 생활을 하며 생업을 즐기고 싶다는 의미와 어떠한 차이일까? 생각해 보면서 '세상 참 좋아졌다!'라고 할 뿐이다.

강산이 일곱 번 변한 과거와 현재를 두루 체험했고 하루하루 변해가는 사회구조 속에 섞여 사는 70대들은 신구(新舊)의 갈등 속에서 실직(失職)이 아닌 실업(失業)인이 된 것은 자신의 의사나 능력과 관계없는 '정년'이라는 사회제도의 장치 때문이다.

실업자(失業者)는 직장을 잃은 사람이다. 일을 하고픈데 일자리를 잃은 젊은 실업자는 일자리가 있으면 일을 할 수 있으니 희망이라도 있지만, 정년이라는 실업이 아니라 무업자가 되니 희망이 없기 때문에 방황한다.

무업자(無業者) 중에는 일정한 직업이 없으면서도 빈둥빈둥 놀면서 잘 먹고 잘 쓰는 고소득자도 있지만 먹고사는 것에 지장이 없는지 많은 고학력 젊은이들이 한참 일할 시간에 거리를 방황하고 있으니, '이들이 찾는 희망이란 무엇이며, 희망이라는 것이 있기는 있는 것인가?' 하는 의문이 생긴다.

사람이라면 누구나 편안함을 누릴 수 있는 안식처를 원하는 것은 동서고금(東西古今)을 통해 다 같이 통용되는 불변의 진리지만 편안함이란 노력의 대가이다.

노력하지 않고는 안도감(安堵感)을 얻으려 하지 말고 우선 자질(資質)을 갖춘 다음, 마음의 담장을 허물고 마음의 창으로 담 밖을 보면 이것저것 모든 것을 볼 수 있고 진실이라는 것이 보일 것 같다.

천당과 지옥, 영생(永生)이라는 불멸(不滅)은 믿음을 가진 사람에게만 허락된 것이라 하지만 마음의 담장을 허물면 그런 것도 보일지 모른다는 생각이 든다.

안식(安息)은 편안함을 즐기는 쉼이지만 쉼의 즐거움도 숨 한 번 쉴 정도의 짧은 시간을 의미한다. '찰라'라는 짧은 인생의 안식처를 찾아보려고 생사의 인과(因果)를 떠나 모든 번뇌(煩惱)를

없애고 여래(如來)의 법신(法身)에 귀의(歸依)한다는 '열반(涅槃)'의 경지를 꿈꾼다.

안락적멸(安樂寂滅)이라 하는 점점 알아듣기 어려운 말들을 풀이해 보려 하지만 안도(安堵)를 이해할 수 없어 더 이상 쉬운 말로 설명하려는 것도 무리이다.

알기 쉽게 '열(涅)'은 '날'이라고도 발음하며, 그 뜻은 검은 흙으로 갯바닥의 검은 진흙이라고 이해하고, 지금 내가 이 정도 알고 있는 것도 다행이라 여기며 지금 있는 곳에서 마음 편히 산다고 여기면 이런 마음을 안도감이라 할 수 있다.

날이불치(涅而不緇)

'검게 물들이려고 해도 검어지지 않는다'는 뜻으로 성품이 고상하여 나쁜 환경의 영향을 받지 않는다고 간단하게 설명하면 되지만 현대의 세계는 하나같이 혼합된 문화나 경제 테두리 속에서 외풍(外風)의 영향을 받을 수밖에 없다. 외환보유고는 점점 줄어들고 경상수지는 적자에 허덕이며 어렵게 살아가지만 자존심을 지켜야 한다.

창피한 말 좀 하자. 미국이 기침을 하면 한국은 감기를 앓아야 한다는 말이 있다. 그런데 진짜로 미국이 감기에 걸린 것 같으니 우리는 독감에 몸살까지 겹칠 것 같은데 중국의 멜라민 파동으로 온 나라가 시끄럽다. 거기다 어선(漁船)인지 해적선(海賊船)인지 하는 것들까지 우리를 위협하면서 돈벌이만 되면 마구잡이로 파고들어 상도(常道)는 실종된 지 오래이다.

해마다 거론되는 부동산 주택 문제는 해결책이 없는지 자구책을 만들어 발표하지만 신통한 것이 없고 알아듣기 어려운 대책이라는 말들이 무성하게 나돈다.

'서브프라임 모기지(비우량 주택담보)'라는 의미를 설명하려는 것이 아니라 이런 말들이 우리를 어렵게 하고 있다.

'모기지론'이란 담보대출로서 가지고 있는 부동산을 근거로 전당 잡히고 어려운 사람이나 노약자를 돕는다는 취지로 만들어진 것이 사실이라면 환영할 정책이다. 하지만 가진 것이 달랑 집 한 채 뿐인데 그것을 담보할 수밖에 없다면 섭섭해도 그나마 감지덕지해야 하지만 절차도 까다롭고 이용 실적마저 저조한 것 같으니 문제점이 있는 것이 아닐까 하는 생각도 해본다.

임대주택을 지어 서민들에게 공급한다 하지만 이런 정책이 얼마나 도움이 되는지 알 길도 없을뿐더러 농촌과 도심 속의 불량주택은 날로 늘어나도 그곳을 이용하려는 사람은 없으니, 재개발로 새롭게 단장한다고 하지만 '빛 좋은 개살구'처럼 거액을 노리는 투기꾼들만 모여든다면 정답의 답안지를 작성하기가 그리 쉽지 않다.

임대란 돈을 주고 빌리거나 더부살이로 우선 기거할 곳이 없으니 그런 대로 호응도 받는다. 하지만 우리의 정서로는 소형 임대주택은 내 집이 아니다. 조금의 여유만 있어도 좋은 환경에다 최첨단 시설을 갖춘 고급 아파트를 원한다. 그러니 신도시 잘 지어놓은 아파트로 몰려들어서 도심엔 불량주택이 늘어나고, 전통을 자랑하는 학교도 폐교 직전이지만 신도시에는 많은 예산을 들여 새로 학교를 지어도 부족한 실정이다.

그뿐이 아니다. 아직 쓸 만한 관공서 건물도 외곽의 새로운 청사로 옮겨가니 도시는 커가지만 거액의 국고를 들인 만큼 균형발전이 이루어지는 것인지….

이익을 보는 쪽이 있는 반면에 실망하는 쪽도 늘어가고 있으니 도심은 하루아침에 상권이 바뀌어 유령화 되어 간다. 폐가는 느는데 집은 부족하다. 말도 많았던 그린벨트를 해제하여 새로운 도시를 건설하고 집 없는 사람이 없도록 한다는 말이 어제 오늘의 일이 아닌데 과연 현실에 맞는 말일까.

날로 늘어나는 실업자들의 수입이 신통치 않은데 임대주택을 공으로 주는 것이 아니라면 임대료를 마련할 여건부터 조성하는 것이 순서인 것 같은데 무슨 신통한 대안이라도 있는 것인지 궁금할 뿐이다.

세계경제를 수렁 속으로 빠져들게 한 미국의 금융 위기의 시초가 주택경기 하락으로 이루어졌다고 한다. 미국 대부분 도시의 집값이 사상최하로 폭락하고 대출금 상환에 문제가 생겨 은행이 도산하게 된 것이다.

우리나라도 순수한 내 집을 가진 사람이 별로 없다. 대개 은행대출을 받아 마련한 내 집도 집값이 하락하고 대출이자가 오르며 버는 것이 신통치 않은 데다 직장마저 잃게 된다면 힘들여 마련한

집을 잃게 될 수 있으니 망연자실(茫然自失)할 수밖에 없다.

그보다 은행도 대출금 회수가 불가능하다면 금융위기를 부채질할 수밖에 없을 것 같은데 또 이런 기사도 있다.

우리나라 직업군인의 70%가 내 집 한 칸이 없다고 한다. 그런데 일부 공기업은 공짜로 집을 준다는 기사이다. 선심인지 '직원을 가족처럼'이라는 사훈을 실천하려는 수작인지 회사는 적자를 보면서도 급료는 해마다 올리고, '내 돈이냐, 우리끼리 잘 먹고 잘살자!' 하는 막가자는 심보들인지 사회는 참으로 대조적이고 불공평하다.

기업도 마찬가지다. 원자재값의 급등에 환율인상으로 곤혹을 치르고 있는데 '키코'라는 어려운 말이 있어서 어떻게 설명해야 좋을지 몰라 망설이다가 'Kiko'라고 써보았다. 환율이 특정 범위 안에서 움직일 경우 사전에 계약한 가격에 외화를 팔 수 있도록 고안된 환헤지용 통화옵션 상품이다.

환율이 변동 없이 일정한 구간에서 움직이면 환차익을 볼 수 있지만 급격히 내려가면 계약이 종료되는 녹아웃이 되고 상단으로 오르면 현재보다 낮은 가격에 외화를 팔아야 하는 제도이니 이번 외환 급등으로 많은 중소기업이 도산 위기에 직면하게 되면 또 국고로 보조하여 공적자금을 공으로 날리지나 않을지 그것도 궁금한데, 또 이게 무슨 말인가!

쌀 소득보전 직불금이 말썽을 일으켜 국민을 실망시키며 뒤숭숭하게 만든다. 경작(耕作) 농민들에게 돌아가야 할 자금이 쌀 재배농가에게는 돌아가지 않고 왜 고급 공무원이나 회사원 그리고 다른 사업으로 거금을 벌고 있는 사람이 챙기는지 알다가도 모를 일이다. '귀신이 곡할 노릇'이라는 말이 있듯이 교묘한 구실로 법망을 벗어나 보려고 한다면 큰 혼란을 가져올 것 같다.

자경(自耕)은 내 땅을 가지고 직접 농사에 종사하는 사람이다. 그런데 영농조합(營農組合), 대리경작(代理耕作), 고용영농(雇傭營農)이라는 제도가 있으니, 이현령비현령(耳懸鈴鼻懸鈴)의 귀에 걸면 귀걸이고 코에 걸면 코걸이처럼 딱 꼬집어 정해놓은 것이 아니니, 둘러대며 구실을 적당히 붙이게 된다면 투기목적으로 사놓은 농토를 명목상 영농(營農)인으로 둔갑(遁甲)할 수밖에 없을 것 같다.

명목상으로 남의 것을 부당하게 취하는 것만으로도 불법인데 그것을 구실로 양도소득세를 면제 받고 각종 세제(稅制)의 혜택을 노리려는 행위는 도둑질하는 것과 다를 바 없는 크나큰 범죄가 되는데 말이다.

'제주는 곰이 부리고 돈은 X놈이 챙긴다'라는 말을 이럴 때 쓰면 될 것 같아서 이 말만 하고 말려고 했는데, 그런데 송아지 값을 보상해주는 제도가 생겼다고 한다.

송아지 값이 기준치에 밑돌면 정부가 현금으로 보전해 주기로 한다는 기사를 접하고 '그래, 잘했다!' 쇠고기 문제로 얼마나 고생

들을 한 농민들인가. 그들을 위로해야 한다. 하지만 뛰는 놈 위에 나는 놈이 있다고 엉뚱하게도 기발한 방법을 써서 가로채어 갈지 모르니 애매한 송아지만 담보물이 될 것 같다.

남들이 가는 길이 바르지 않은 것을 알면서도 나도 덩달아 그 길을 가면 안 된다. 남들이 검게 살기 때문에 나 혼자 바르게 사는 것은 손해 본다는 생각에 두루뭉수리하게 살려는 우유부단(優柔不斷)한 생각을 버려야 그것이 바른 삶이다.

거두절미(去頭截尾)

머리말이나 끝말이 중요한 것이 아니라 중간 요점만을 간략하게 말해도 많은 사람들이 쉽게 알 수 있는 말이나 글을 쓴다면 명언에 명문장이 되듯이 정치나 정책도 요점의 결과가 중요하다.

다수의 국민이 원하는 현실에 맞게 거창하지도 요란하지도 않고 앞서지도 뒤떨어지지도 않는 현실에 맞게 실천 가능한 정책을 편다면 국민은 따르게 되고 존경받는 지도자로 역사에 길이 남을 것이다.

"물러가라. 퇴진하라! 못살겠다. 갈아보자!"라고 하여 갈아도 보았지만 소문난 잔칫집에 먹을 것이 없다더니 '알속 없는 빚잔치에 공금만 날렸다'는 이런 간단한 말을 하려고 해도, 신세대(新世代)들 같으면 아주 쉽게 말할 수 있지만 빛바랜 기성(旣成)세대들은 체면치레 하느라고 할 말도 못하고 산 것 같다. 체면이 밥 먹여 주지 않는다. 이제는 바른말을 하고 살자. 거두절미하고, 넘어지면 일어날 방법을 배워야 한다.

여하간 어떻게 해서라도 우리는 국민을 사랑하는 바르고 힘 있는 지도자를 원한다. 힘이란 정당한 바른 일에 사용해야 한다. 바르지 못한 힘은 막강하면 막강할수록 고달파지는 것이 과거의 왕권(王權) 정치이다.

누구를 위해 막강한가. 그것이 문제다. 자신인가, 국민인가.

옛날 왕권시대에는 자신의 부귀와 영달 때문에 일부 귀족이나 제후 같은 존재들을 위하여 대다수 국민을 외면하고 일부 계층만을 위한 정책이었다. 백성에게 글을 가르치면 다스리기 어렵다 하여 배울 기회를 주지 않고 오직 복종만 강요하였지만 나라살림이 아무리 늘어나도 많은 국민이 괴로워한다면 선정(善政)이 아니다. 덕치(德治)라는 말이 그립다. 개발보다 안정을 원한다. 고달픈 삶으로 만리장성을 쌓지만 얼마나 많은 백성이 고통 받고 죽어갔는가.

막강한 힘을 가진 불도저는 토목공사에서 꼭 필요한 장비다. 하지만 많은 일을 하는 장점도 있지만 많은 사람이 일자리를 잃을 수 있다 하여 장비 도입을 꺼리고 많은 인력을 투입하는 중국의 건설현장을 견학하고 놀란 적이 있다. 죽의 장막을 열어젖히고 개방정책(開放政策)의 시초 때 일이다. 저렇게 일을 해서 어찌 선진국을 따라갈 수 있을까 했지만 일거리 없는 백성을 위한 배려 정치라는 것을 알았다.

우리는 놀고도 잘살 수 있는 것을 원하지만 잘못된 생각이다. 편하게 놀고 잘살 수는 없다. 모든 것은 노력의 대가이다. 벌기보다 쓰기가 어렵다고 한다. 힘 들여 번 외화를 외국여행 경비로 써버리면 영원히 남의 나라 돈이 되고 만다. 우리 것을 이용하면 수입된 원자재 값을 재하고는 고스란히 우리 것이다라고 한다면 말 같지 않은 잔소리일 뿐이지만 주고받는 것도 이익을 고려해야 한다.

지금은 경제전이라 한다. 사면초가(四面楚歌)라는 말은 사방이 적이라는 말로 적이 많으면 결국 망하게 된다. 그런데 적의 적은 동지라 했다. 우리에게 유리한 협상은 체면을 버리고 과거의 적에게도 추파를 보내야 하는 것이 외교정책으로 새로운 적을 만들지 않는다.

국민에게 피해를 주는 정치지도자는 모두의 적이다. 이제는 바뀌어야 한다. 우리뿐 아니라 전 세계가….

바뀔 때마나 새로운 것을 기대한다. 그런데 달라진 것이 별로 없지만 그래도 기대되는 것은 '혹시나, 설마 지금보다는…' 하는 희망 때문이다.

계절이 바뀌어 다시 봄이 오지만 같은 봄이 아니고 새 봄이라 한다. 새 순이 돋아나지만 작년의 새순이 아니라 전보다 풍성한 것을 원한다. 우리 인간도 한번 지나간 젊음은 오지 않고 새로운 젊음이 그 자리를 메워 나가기 마련이며, 하루에는 새벽이 두 번 있을 수 없지만 내일 새벽은 어김없이 오기 마련이다.

내일도 같은 태양이 떠오르지만 어제의 태양이 아닌 것 같이 오늘이 가고 있으니 젊음도 가면 다시 오지 않는다는 마음으로 생각나는 대로 글을 쓰지만, 이런 생각이나 글도 내일이 되면 다른 생각에 다른 글이 되기 마련이다.

우자암어성사(愚者暗於成事)

지자견어미맹(知者見於未萌)

어리석은 사람은 문제가 생겼어도 모르고

지혜로운 자는 문제가 싹트기 전에 안다.

이런 글귀를 어느 책에서 읽었지만 기억이 안 난다. 다만 좋은 글이라서 다시 써보지만 오늘이 지나면 다시 기억할 수 있을지 모르겠다. 좋은 것보다 좋지 않은 기억이 오래 남게 되는 것이니 분에 넘치게 화려한 사치는 자제하자는 의미에서 적어보았다.

암중모색(暗中摸索)

어둠 속에서 더듬더듬 무엇인가를 찾으려고 몸부림치는 것은 지적(知的)인 허영(虛榮)으로 아는 척 해 보려는 심사 같지만 이렇게 답답할 때는 무엇이든 해야 할 것 같다.

마침 생각나는 시 한 수가 떠올라 낙서하는 버릇을 버릴 수 없으니 마음이 편치 않아도 적어보자.

> 소요이침노(逍遙以針勞) 담소이약권(談笑以藥倦),
> 한가로이 자적하게 지내면 피로를 낫게 하고
> 즐거운 말을 웃으며 나누면 지친 것을 낫게 할 수 있다.

하지만 모두가 지치고 고달픈 사람들만 있는지 담소(談笑)도 나눌 사람이 아무 곳에도 없는 것 같다.

여하시(如何是), 지가 무엇을 얼마나 안다고 잘못된 것을 바로 잡아 보려고 한단 말인가? 하고 비웃을 수 있다는 생각을 갖는다

면, 아무 말도 할 수 없는 용기 없는 사람으로서 보면서도 못 본 체 살아갈 수밖에 없다.

나라 안팎이 뒤숭숭한데 국군의 날 행사장에서 신무기를 공개하고 그 위력도 설명하는 TV화면을 보고 잠시 감격했다. 그런데 상대는 핵을 가지고 위협하려 한다면 맨주먹으로 흉기를 든 적들을 어찌 상대해야 피해를 적게 볼지, 그런 것은 생각하니 저런 것이 핵 앞에 무슨 소용이란 말인가 하는 우려 속에 마음이 편치 않다.

넘어지면 일어날 방법을 배워야 한다는 말이 실감난다. 넘어지지도 말고 실수로 넘어져도 바로 일어날 수 있는 방법을 배워야 경제위기나 핵의 위협에서 살아남을 수 있다는 것을 우리 모두 직감했을 것이다.

한쪽이 멸(滅)하면 밀접한 관계에 놓인 한쪽도 위태로워진다는 순망치한(脣亡齒寒), 입술이 없으면 이가 시리다. 망하는 것은 지키는 원칙이 없어서이고, 위태로운 것은 지키려는 원칙이 없기 때문이라는 진리를 깨닫고 보니 안이한 생각으로 두루뭉수리하게 되는 대로 살아온 것이 아닐까 하는 생각도 해본다.

지금보다는 조금 더 나은 삶은 살고 싶었는데, 이런 다난한 생각에 머리가 아픈데 이게 무슨 소린가. 유명 연예인이 스스로 목숨을 끊었다니, 죽을 만치 살기 어렵게 만든 것이 과연 무엇일까.

악성 루머에 누리꾼은 무엇인가. 악플, 악성댓글, 포털 댓글이 사실이든 아니든 그런 것이 알고 싶은 것이 아니라 이런 일들이 허(虛)인지 실(實)인지 그런 것을 따져 볼 필요도 없지만 우리를 힘들고 우울하게 한다.

이런 바르지 못한 사건들로 인해 깊이 생각하기조차 싫은 일들을 글로 쓰려고 하니, 어린이가 순백의 도화지 속에 꾸밈없이 보이는 사실만을 채워가듯 솔직한 글을 쓰려고 한 것이, 감정이라는 것이 작용하여 추상적이고 객관적인 것이 강하게 가미(加味)되어서 나만의 글이 되지 않는 것이 안타깝게 여겨진다.

암향소영(暗香疎影), 그윽한 향기와 성긴 그림자 같다는 말로 매화를 직접 보지 않아도 눈 속에 핀다는 화폭에 담긴 매화(梅畵)를 보고 향을 논할 수도 있고, 묵향(墨香)이나 난(蘭)의 향기도 마음속으로 상상하며 운운(云云)하는 것은, 세상이 하도 뒤숭숭하다 보니 전문지식이 없어도 잘하고 못하는 것을 아는 국민들이기 때문이다.

이럴 때 빈계신명(牝鷄晨鳴)이라는 말을 설명해 보자. 암탉이 울어 새벽을 알린다는 말로 빈계지신(牝鷄之晨)과 같은 내용으로 여성이 권력을 차지한다는 말이다.

지금은 여성상위시대라 할 수 있다. 과거 봉건주의에서는 남성의 권위시대였지만 현실은 남녀평등이 아니라 여성이 앞서가는 세상이지만 아무도 트집 잡지 않고 자연스럽게 받아들이고 있을 뿐이다.

정치도 마찬가지다. 아무리 막강한 세력을 가졌어도 국민이 원하지 않는 정치를 하면 국민이 일어설 수밖에 없다. 민심(民心)은 천심(天心)이라는 것을 알아야 한다.

세상은 많이 달라졌다. 남녀 구분하여 일할 때는 지났다. 여자가 할 일, 남자가 할 일이 정해진 것은 아니지만 그래도 섬세한 잔일은 여성이 하는 것이 효율적이며, 힘든 일은 남성이 해야 능률적이다. 하지만 남자가 무능하다면 여자가 나설 수밖에 없는데 '그런 것을 내가 어떻게 해!' 한다면 현실에 뒤떨어질 수밖에 없다.

우리는 다 같이 잘살기를 원하지만 어느 정도의 빈부 차는 감수하고 산다. 그런데 너무 화려할 정도로 분에 넘치게 잘사는 사람들이 많다. 기업은 적자에 허덕이지만 고위층들은 연봉(年俸)이 수십억이라니, 서민이 평생 벌어도 못 벌 돈을 한 해에 버는 사람은 제왕같이 살지만 서민들은 이들이 벌이는 빚잔치 뒤치다꺼리로 전락한다면, 세상 천차만별(千差萬別)인 천과 만의 차이로 이보다 더 큰 차이는 없는 줄 알았는데 억(億)과 백(百)의 차이로 변해가는 세상이니 감이 잡히지 않는다.

빈부(貧富)의 격차나 남녀 구별을 꼬집고 싶은 것이 아니다. 능력대로 사는 것이 현실이지만 부당하게 남에게 피해를 주고 나만이 옳다며 내가 아니면 안 된다는 우월주의를 버리라는 말을 하고 싶다. 그 정도는 누가 해도 다 할 수 있으니 가만히 있는 것이 오히려 낫다는 말이 있듯이, 국회 청문회의 공방같이 핵심이 빠진 질문이나 답변으로 일관하는데 자기주장이나 변명의 진의는 우리 국민이 먼저 안다.

나만이 옳고 잘한다는 착각을 버리고 국민이 원하는 대표가 되기 위해 국민의 머슴을 자처했고 국가를 위해 일하겠다고 공무원을 택하였으니 국민에게 성실히 봉사해야 한다.

프로필(Profile)

내가 나를 평해보자 하는 마음으로 보고 듣고 느낀 것을 글로 표현해 보았지만 사실만을 말했는가. 아니면 자신을 숨기면서 더 돋보이려고 거짓으로 글을 다듬기도 하며 좋은 말만 골라 쓰려고 하지는 않았나 하는 생각에서 나의 조상(彫像)을 마음에 비추어 보고 평해보자 했지만 좋은 단어가 생각나지 않는다.

끝맺음 말인 '에필로그'라 썼다가 이대로 끝을 맺기엔 얼굴이 부끄러워 프로필(Profile)이라는 단어를 써놓고 보니, 반명함판 사진같이 실물보다 잘 찍혀 꾸며진 사진이랄까, 맘에 드는 사진 한 장을 가려 놓은 듯 흐뭇하다. 왜 이렇게 사진이 엉망일까 찡그려도 보면서 깨끗한 피륙에 잘 그려져 있는 소묘(素描)같은 것을 원하니, 나의 바탕은 과연 무엇일까 갈피를 잡을 수 없다.

지금까지 한 말이 사실인가 거짓인가 갈피를 잡을 수 없으니 나의 정면(正面)이 아닌 윤곽 정도는 알아볼 수 있는 측면(側面)

의 옆얼굴을 그린 글임에 틀림이 없는 것 같아 프로필이 잘 어울리는 단어인 것 같다.

내가 살아온 세상이지만 마음대로 말하지 못하고 빼고 더하면서 자신에게 유리한 일에는 적극적이지만 힘들고 이익이 없으면 외면하는 현실의 경쟁 사회 속에서 말로만 근검절약(勤儉節約)하고 욕심을 부리지 말자 하면서도 사치스런 것을 동경하며 산 것 같다.

사자심상빈(奢者心常貧) 검자심상부(儉者心常富),
사치스러운 이는 항상 마음이 가난하고
검소한 이는 항상 마음이 부유하다.

사치(奢侈)나 호사(豪奢)는 내가 원하는 것일 뿐 아니라 누구나 다들 원하면서도 흉물스러운 인간만이 속내를 감추며 청빈(淸貧)한 척 내숭을 떤다.

안빈낙도(安貧樂道),
가난한 생활을 하면서도 편안한 마음으로 도를 즐겨 지킴.

안빈낙도(安貧樂道)의 청빈함과 편안한 마음으로 옳은 도리를 즐기고 있는가. 또한 가난하고 미천할 때 사귄 벗이라는 빈천지교(貧賤之交)를 잊어서는 안 된다. 이는 유가(儒家)에서 제창한 입신처세(立身處世)의 태도라고 했다. 바른 배움이나 가르침을

받고도 과거 어려운 시절을 잊어버린 것은 아닌지 반드시 되돌아볼 일이다.

먹이사슬은 생태계에서 먹이를 중심으로 이어지는 생물 간의 관계이다. 약육강식(弱肉强食)이라는 표현이 나올 것이다. 힘없고 나약한 동물은 강한 놈의 먹이가 될 수밖에 없다. 초식동물은 대개 온순하고 육식동물은 포악하다. 그런데 잡식성인 사람이 문제이다. 사람은 서로 돕고 의지하며 어울려 살지만 서로 경계하며 갖은 술수를 써 가며 돕는 척하면서도 해치기도 한다. 서로 도와야 내가 살 수 있을 때 이를 아부(阿附)한다고 한다.

내가 살기 위해서는 자신을 방어하며 많은 것을 소유하려 하지만 반면에 생물은 배가 부르면 더 이상 탐하지 않고 필요할 때만 사냥을 한다. 인간만이 인위적으로 먹이를 생산하고 비축하며 사는 법을 배웠기에 초식동물에게 동물성 사료를 먹여 잡식성을 만들어 놓으니 광우병이라는 질병이 생겨나기 마련인 것 같다.

풀만 먹고 자라는 토끼는 온순하여 공격할 줄 모르지만 여우나 호랑이의 먹이가 된다. 먹이사슬의 최고인 호랑이도 인간에게는 속수무책으로 멸종위기에까지 이르게 되었다. 초식동물 역시 살기 위해 풀들을 마구 먹어치우며 피해도 주고 공생의 회전 속에서 살아가지만 우리 인간도 천하무적일 수 없다.

초원에서 날렵하고 덩치도 큰 얼룩말이 사자에게 잡혀 먹히는 참담한 모습을 보았지만 그것은 자연의 질서를 거스르지 않는 자연의 섭리일 뿐이다.

그런데 만물의 영장이 먹이사슬의 최고 자리에 서 있다고만 볼 수 없다. 하찮은 존재인 바이러스에 의해 신음하며 죽어간다. 보이지도 않는 수많은 미생물의 병균 바이러스라는 맹적(猛敵)의 공격을 받기도 한다.

인간 대 인간의 관계 속에서 수난을 겪고 살던 인간이 결국은 하찮게 생각하는 보이지 않는 미물에 의해 그것들의 먹이가 되어 끝을 맺을 수도 있다.

전염성 바이러스와 박테리아의 출현, 항생제 내성을 지닌 세균의 등장, 산성비와 토양오염, 오존층의 파괴와 유해 자외선의 영향, 살충제와 세제의 범람으로 인한 수질 오염, 지구 온난화의 주범인 대기오염 등등으로 남겨진 부산물이 너무나 많다.

우리는 이런 풀 수 없는 복잡한 문제를 과학적 · 생물학적이니 인생 · 철학 · 자연 · 우주 등을 논하며 파헤쳐 보려고 한다. 아주 복잡 미묘한 이론을 연구해내어 정당화 하지만 만인(滿人)이 공감하고 의견 일치된 학설이 다같이 옳다 하지 않으니 서로 경쟁하다 결국은 분쟁이 일어난다.

철학적 · 종교적인 것 또는 진리의 보고라는 책들도 많은데 다들 그것을 읽어보고 의미를 깨달아 그렇게 살기를 원한다면 참다운 삶이라 할 수 있지만 같은 진리도 다르게 생각하니 분쟁이 일어난다.

이 우주에는 인간 외에 과연 무엇이 존재하는가. 신(神)이 천지를 창조했다고 하는데 종교에 대해서 인정도 부인도 안하는 무신론자는 종교를 평해서도 안 된다. 왜냐하면 자신의 종교만이 옳다고 하는 사람과 다툼에 휘말릴 것이 자명하기 때문이다.

자신의 믿음은 자신의 것, 아무도 평해서도 안 되는 종교의 자유인, 우리는 믿고 싶은 것을 믿을 뿐이다.

지금 나는 과거 선인들이 만들어 놓은 서책을 읽어보며 그들의 사상에 일시적으로 매료되었지만 그들이 남긴 사상(思想) 중 1%도 이해하기 어렵다.

아무것도 말할 것이 없어 낙서라도 해가며 내가 겨우 생각해낸 것이 있다면 '이런 것이 바른 것이다'라고 생각되는 것을 받아들이고, 너무 많은 것을 알려고 하지 말자. 알려고 하는 것은 욕심을 부린다고 해서 얻어지는 것이 아니니 꿈은 꿈으로 돌리고 현재 알고 있는 것만으로 족하게 여기고 살자.

신이 존재한다면 하나인가, 둘인가, 아니면 무수히 많은가. 나는 무신론자이지만 좋은 세상에 좋은 신도 하나였다면 그저 평탄한 세상일 거라는 생각뿐이다.

대지진의 자연재해 앞에 하찮은 인간이라는 존재, 그러나 끊이지 않는 사람과 사람 간의 갈등, 복종시켜 자기에게 충성하길 강요하는 거만한 인간들, 저마다 눈앞에 있는 것만 보이는지 아니면 전체를 보면서도 자신에게 불리한 것은 외면하고 무시해 버리는

지 모를 일이다.

사람이 사람을 굴복시키려 하지만 그렇게 되지 않는다. 맹수를 복종시키기는 쉬워도 사람의 마음은 굴복시키기 어렵다고 한다. 산골짜기는 채울 수 있지만 사람의 마음을 채울 수 없다는 말은 그만큼 사람의 마음을 만족시키기 어렵다는 말이다.

그러나 나는 마음을 채우는 것이 아니라 마음에 있는 생각을 사실대로 한 권의 책에 채울 수는 없을까 하는 욕심에서 또 한 권의 낙서집을 내놓았다.

사람이 세상을 살아가면서 하고 싶은 일이나 말하고 싶은 것을 다하지 못하고 참아야 할 때가 많다. 특히 하고 싶은 말을 하지 못하게 되면 많은 스트레스를 받게 된다. 그래서 하고 싶은 말들을 글로 쓰려니 글 역시 생각대로 쓴다는 것도 내 마음대로 할 수 없다는 것을 알기에, 사람들이 하는 말이나 글의 허상과 실상을 파헤쳐 보려고 했다.

하지만 이 역시 자신을 속이는 것 같아 나만이라도 사실만을 말하자 하는 심정으로, 마음의 창을 열면 내 자신만은 거짓인지 아닌지를 알 수 있지 않을까 하는 생각으로 '마음의 창'이라 제목을 붙였지만 이 역시 나만의 책인 것 같아 아쉬울 뿐이다.